Barbara Sensen
Revenue Management für Ferienimmobilien

Barbara Sensen

Revenue Management für Ferienimmobilien

Wirtschaftliche Planung, Steuerung und Optimierung
am Beispiel erklärt

DE GRUYTER
OLDENBOURG

ISBN 978-3-11-141651-9
e-ISBN (PDF) 978-3-11-141893-3
e-ISBN (EPUB) 978-3-11-141939-8

Library of Congress Control Number: 2024937146

Bibliografische Information der Deutschen Nationalbibliothek
Die Deutsche Nationalbibliothek verzeichnet diese Publikation in der Deutschen
Nationalbibliografie; detaillierte bibliografische Daten sind im Internet über
http://dnb.dnb.de abrufbar.

© 2024 Walter de Gruyter GmbH, Berlin/Boston
Einbandabbildung: igoriss/iStock/Getty Images Plus
Satz: Meta Systems Publishing & Printservices GmbH, Wustermark

www.degruyter.com

Vorwort

Als ich zu Beginn meiner Karriere in verschiedenen Hotels arbeitete, begegnete ich dort oft dem „Revenue Management" – meist eine Person oder eine Abteilung, welche nicht direkt im Hotel ansässig war, die Entscheidungen darüber traf, welche Raten wir verkaufen durften. Wie genau das passierte und was diese Kolleg:innen den ganzen Tag machten, war mir nicht bewusst, bis ich selbst Revenue Managerin wurde. Damals schrieb ich das Buch „Revenue Management im Hotel", um die Tätigkeiten und Prozesse allen Interessierten auf eine verständliche Art zu erklären. In diesem Buch übernehmen die Freunde Katrin, Salim und Miriam am Ende ihres Studiums ein lokales Hotel, um Übernachtungsmöglichkeiten für den Bachelor-Ball zu sichern. Aufgrund dieses Buches wurde ich vor einiger Zeit von einem Start-up angesprochen, welches Rohdaten von Ferienhausagenturen aufbereitet, um Analysen und Reports als Grundlage für Revenue Management zur Verfügung zu stellen. Ich hatte bisher keine Erfahrung mit der Vermietung von Ferienimmobilien, fühlte mich aber durch meine Führungsrolle im Hotel Revenue Management relativ sicher in der Thematik. Schnell musste ich jedoch feststellen, dass sich die Ansätze, welche in Hotels seit Jahren erfolgreich angewendet werden, nur teilweise auf die Branche der Ferienwohnungen und -häuser übertragen lassen. Es gibt nicht ein Hotel mit vielen Zimmern, aus denen sich eine prozentuale Belegung berechnen lässt. Oftmals gibt es eine Wohnung, die entweder belegt ist oder nicht, also nur 100 % oder 0 % Belegung erreicht. Ähnlich wie einige Urlaubshotels sind auch Ferienwohnungen stark saisonabhängig und daher darauf angewiesen, die Saisonzeiten möglichst optimal zu verkaufen, um die umsatzschwachen Zeiten in der Nebensaison auszugleichen. Eine leer stehende Wohnung zu Hochsaisonzeiten ist fatal. Aber wie soll sichergestellt werden, dass die Wohnung zu einem möglichst hohen Preis vermietet wird? Was ist der richtige Preis, wann macht es Sinn, einen Mindestaufenthalt zu fordern, und was ist die optimale Aufenthaltslänge der Gäste? Es gibt in Deutschland aktuell 555.111 Ferienunterkünfte mit 2,6 Mio. Betten, 69 % dieser Unterkünfte sind privat und werden selbst verwaltet, das sind etwas über 380.000.[1] Die oben genannten Fragen sind also vermutlich für all diese Vermietenden relevant, die ihre Immobilie möglichst wirtschaftlich betreiben möchten. Und zudem auch für jene Betreiber, welche eigene oder fremde Wohnungen gewerblich verwalten. Doch trotz dieses großen Marktes gibt es bisher kaum Literatur, wie Revenue Management für Ferienimmobilien betrieben werden kann. So blieb den meisten Vermietenden von Ferienunterkünften bisher nichts anderes übrig, als die vorhandene Literatur im Hotelbereich zu nutzen und so gut es ging anzupassen.

Dass das nicht immer ganz trivial ist, lernte ich in den letzten Monaten, in denen ich mich damit beschäftigte, welche Zahlen und Analysen Ferienhausagenturen benötigen, um Revenue Management zu betreiben. Der Entschluss, ein Buch zu verfassen,

---

1 Deutscher Ferienhausverband: Der Ferienmarkt in Deutschland – Volumen und wirtschaftliche Bedeutung. Hamburg/Berlin, Januar 2024

https://doi.org/10.1515/9783111418933-202

welches sich explizit mit dem Revenue Management für Ferienimmobilien beschäftigt, und damit eine Lücke in der Revenue-Management-Literatur zu schließen, war schnell gefallen. Auch hier sollte der Zugang allgemein verständlich sein und so gut es geht auf komplizierte mathematische Berechnungen verzichten. Daher sind es wieder Katrin, Salim und Miriam, welche sich auf das Abenteuer der Vermietung einer Ferienwohnung einlassen. Zunächst übernehmen die drei Freunde eine Ferienwohnung und beschäftigen sich mit der Berechnung von Kennzahlen, der optimalen Preisfindung, der Steuerung von Preisen und Verfügbarkeiten, der Vermarktung über verschiedene Online-Portale und der Erstellung eines Umsatzplanes. Um auch den Besonderheiten der gewerblichen Verwaltung von mehreren Immobilien gerecht zu werden, übernehmen die Freunde weitere Immobilien und gründen schließlich eine Agentur. Leser:innen lernen so gemeinsam mit den drei Freunden die Fragestellungen und Herausforderungen bei der Vermietung von Ferienunterkünften kennen und erkennen Lösungsansätze und Strategien. Diese sind stets am Beispiel erklärt und dadurch hoffentlich gut verständlich.

Inhalt

Prolog

Das große Esszimmer ist von morgendlichen Sonnenstrahlen erfüllt, durch das geöffnete Fenster weht eine leichte Meeresbrise. Gedämpftes Möwengeschrei ist zu hören, auch wenn das Meer durch die Düne nicht zu sehen ist. „Ach, es ist einfach herrlich hier!", seufzt Salim. Katrin und Miriam nicken heftig über ihren Frühstücksbrötchen: „Ja, es ist wirklich toll hier! Das sollten wir unbedingt wiederholen!" Seit die drei Freunde ihr gemeinsames Studium abgeschlossen haben, sehen sie sich nur noch selten. Daher hatten sie beschlossen, einmal im Jahr gemeinsam Urlaub zu machen. Salims Tante hatte ihnen dafür ihre Ferienwohnung „Möwennest" zur Verfügung gestellt. „Deine Tante kommt doch nachher eh vorbei, Salim, da können wir sie doch direkt fragen, wann die Wohnung im nächsten Jahr frei ist, sodass wir direkt einen Termin festmachen können", schlägt Miriam vor, der Planung immer sehr wichtig ist.

Als die Tante später tatsächlich vorbeischaut und die Freunde sie nach der Belegung im nächsten Jahr fragen, reagiert sie zurückhaltend: „Bisher haben sich nur die Müllers für nächstes Jahr angekündigt, die bleiben immer zwei Wochen im Sommer. Aber ich weiß gar nicht, ob ich noch so viel mehr Buchungen haben möchte. Ich würde so gerne im Sommer auch mal wegfahren, und langsam wird es alles ein bisschen viel." „Aber du kannst das Möwennest doch nicht einfach den Sommer über leer stehen lassen!", empört sich Salim. „Das wäre ja reine Geldverschwendung!" Seine Tante blitzt ihn spitzbübisch an: „Na, Jungchen, wenn das alles so einfach und locker funktioniert und man nur die Tür aufsperren muss, um reich zu werden, dann übernimm du es doch für das nächste Jahr. Ich überlasse dir das Möwennest gerne und du kannst sehen, wie viel Arbeit das wirklich macht." Salim stockt. Sein Arbeitsort ist nicht eben um die Ecke und von der Vermietung von Ferienwohnungen hat er nicht wirklich Ahnung. Allerdings besitzt er etwas Erfahrung mit der Vermietung von Hotelzimmern, vielleicht ließe sich da etwas übertragen? Schließlich siegt sein Selbstbewusstsein: „Na, so schwer kann das doch nicht sein, ein paar Buchungen zu managen. Und einen Reinigungsdienst finden wir hier sicher, sodass wir das nicht selbst machen müssten. Was ist mit euch, Katrin und Miriam – wärt ihr dabei? Wollen wir Tante Irene unterstützen und die Organisation für das Möwennest übernehmen?"

Die Freunde diskutieren noch fast den ganzen Tag, ob es möglich wäre, die Vermietung einer Ferienwohnung neben ihren jeweiligen Jobs und aus der Ferne zu organisieren. Gleichzeitig haben sie alle große Lust, ein gemeinsames Projekt anzugehen und mehr Zeit an diesem schönen Ort zu verbringen. Durch Selbstständigkeit, Homeoffice, Schichtdienst und Urlaub sollte es möglich sein, dass sie abwechselnd herkommen und nach dem Rechten sehen. Die Reservierungen könnten sie auch von ihren jeweiligen Wohnorten aus verwalten und sich über Videocalls regelmäßig abstimmen. Am Abend steht der Entschluss schließlich fest: Sie wollen die Verwaltung des Möwennestes übernehmen. Als sie Tante Irene ihren Entschluss mitteilen, ist diese erleichtert, die Aufgaben abgeben zu können. Gleichzeitig verspricht sie, so gut es geht mit ihrem Fachwissen zu unterstützen – schließlich hat sie die Wohnung die letzten 30 Jahre vermietet und kennt viele Gäste seit Jahren.

https://doi.org/10.1515/9783111418933-001

1 Kennzahlen

1.1 Grundlagen

„Also Tante Irene werde ich beweisen, dass ich durchaus etwas kann!", verkündet Salim. „In einem Jahr wird diese Wohnung sehr viel erfolgreicher sein als heute!" Miriam lächelt: „Das klingt gut. Doch woran möchtest du das messen?" Salim stöhnt: „Du immer mit deinem Messen. Wir fragen Tante Irene einfach, wie viel Geld sie bisher mit dem Möwennest verdient hat, und dann vergleichen wir es mit dem Betrag, den wir verdienen. Und ich wette, wir werden mehr haben!" Er lehnt sich grinsend zurück. „Aber dann wüssten wir ja erst am Ende des Jahres, wie erfolgreich wir waren", wirft Katrin ein. „Sollten wir nicht auch zwischendurch eine Ahnung haben, wie wir stehen? Ich hatte neulich das jährliche Feedback-Gespräch mit meinem Chef. Da hat er mir Fehler unter die Nase gerieben, die ich vor einem halben Jahr gemacht habe. Hätte er es mir damals direkt gesagt, hätte ich mich direkt verbessern können und hätte jetzt nicht diesen blöden Kommentar in der Beurteilung. Ich möchte immer direkt wissen, woran ich bin." „Naja, das ist nicht so ganz vergleichbar", beschwichtigt Miriam, „aber es macht durchaus Sinn, sich bestimmte Entwicklungen kontinuierlich anzusehen, um direkt zu merken, falls etwas aus dem Ruder läuft. Dann können direkt Gegenmaßnahmen ergriffen werden." „Okay, wir holen uns durch die Zahlen also quasi kontinuierlich Feedback ein, damit die Beurteilung am Ende – bzw. der Vergleich mit Tante Irene – keine böse Überraschung wird. Das leuchtet mir ein. Aber welche Zahlen betrachten wir jetzt?", fragt Salim. Die Freunde beschließen, sich zu überlegen, wovon der Erfolg der Wohnungsvermietung abhängt, und diesen Erfolg dann durch ein Kennzahlensystem messbar zu machen.

Mithilfe von Kennzahlen (engl.: key performance indicators, KPIs) können auch komplexe Sachverhalte numerisch dargestellt werden. Durch diese Verdichtung auf eine Zahl gehen zwar Detailinformationen verloren, gleichzeitig lassen sich so Zustände sehr einfach ablesen und durch den Vergleich, z. B. verschiedener Zeiten, Entwicklungen erkennen. Die drei Freunde beschließen, dass ihre wichtigste Kennzahl der Gewinn ist, welchen sie durch die Wohnung erzielen. Der Gewinn errechnet sich – einfach gesagt – aus dem erzielten Umsatz abzüglich der Kosten. Hier gibt es natürlich unterschiedliche Gewinndefinitionen, je nachdem welche Kosten mit einkalkuliert werden – z. B. wird zwischen Gewinn vor und nach Steuern unterschieden. Die Freunde beschließen, hier pragmatisch vorzugehen und einfach alle Kosten zu nehmen, um ein möglichst realistisches Bild zu erhalten. Der Umsatz ist die verkaufte Menge mal dem Preis je Stück. Im Falle der Ferienimmobilie sind es die Anzahl an belegten Tagen mal dem durchschnittlichen Preis je belegtem Tag. Wie viele Tage die Wohnung belegt ist, hängt zum einen davon ab, wie viele Gäste kommen und wie lange sie bleiben. Der durchschnittliche Preis je Belegung ist natürlich abhängig von den festgelegten Preisen. Bei den Kosten fallen vor allem Personalkosten an, also zum Beispiel die Kosten für die Reinigungskräfte oder auch für die Annahme der Reservierungen und den Empfang der

https://doi.org/10.1515/9783111418933-002

Gewinn
=

| Umsatz | – | Kosten |

Umsatz				Variable Kosten		
	=				=	
Belegte Tage	×	Ø Preis		Belegte Tage	×	Ø Kosten

Ankünfte		Personalkosten
Aufenthaltsdauer		Energiekosten

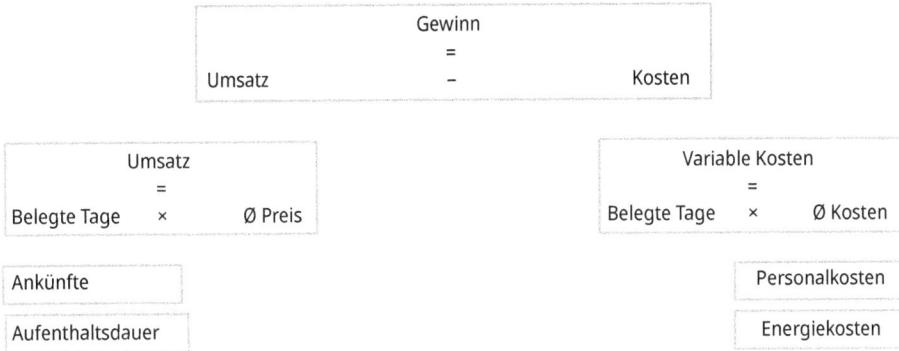

Abb. 1.1: Zusammenhang Gewinn, Umsatz, Kosten und Belegung.

Gäste. Aber auch die Energiekosten für Heizung und Licht sowie zum Waschen der Wäsche sind zu berücksichtigen. Zu unterscheiden sind variable und fixe Kosten. Fixe Kosten fallen immer an, unabhängig von der Belegung der Wohnung. Variable Kosten fallen je nach Belegung an. So gibt es Versicherungen und Gebühren, welche immer zu bezahlen sind, unabhängig davon, ob die Wohnung belegt ist. Bei den Personalkosten fallen üblicherweise auch fixe Kosten an, wenn Mitarbeitende fest angestellt werden. Diese müssen ja bezahlt werden, unabhängig davon, ob sie etwas zu tun haben oder nicht. Da aber die drei Freunde und Tante Irene auf ein Gehalt für ihre Tätigkeit verzichten und die Reinigungskraft je Reinigung bezahlt wird, sind die Personalkosten in diesem Fall variabel. Die Freunde beschließen, vorerst lediglich die variablen Kosten zu betrachten, da diese den Hauptteil ausmachen und sie diese schneller und direkter beeinflussen können als die fixen Kosten. Die variablen Kosten steigen natürlich mit jeder Belegung. Jede Belegung steigert also gleichzeitig den Umsatz und die Kosten. Der Zusammenhang von Gewinn, Umsatz, Kosten und belegten Tagen ist in Abbildung 1.1 dargestellt.

Neben den Kosten, welche dadurch entstehen, dass eine Wohnung zur Vermietung bereitsteht, fallen noch andere Gebühren an, z. B. Kurtaxe und Steuern. Diese werden auch durchlaufende Posten genannt, da die Vermieter sie von den Gästen einziehen und weiterreichen müssen. Der Preis für eine Wohnung erhöht sich also um die Kurtaxe, die wiederum abzuführen ist und somit nicht zum Gewinn beiträgt. Da diese durchlaufenden Posten also bei Umsatz und Kosten gleichermaßen anfallen würden und somit keinen Einfluss auf den Gewinn haben, sind sie in dieser Darstellung außer Acht gelassen.

Katrin findet das sehr verwirrend: „Sind viele belegte Tage jetzt gut oder schlecht? Wir brauchen ja Umsatz, aber mit jeder Belegung steigen auch die Kosten." Miriam sieht das aus mathematischer Perspektive: „Es ist ja klar, dass mit Belegungen Umsatz und variable Kosten steigen. Aber wie bei mathematischen Gleichungen könnten wir hier die belegten Tage quasi ‚rauskürzen', es bleiben also der durchschnittliche Preis und die durchschnittlichen Kosten. Nun kommt es darauf an, dass der Preis höher ist als die Kosten, dann bleibt ein Gewinn übrig. Wenn die durchschnittlichen Kosten über dem durchschnittlichen Preis liegen, machen wir einen Verlust. Lasst uns also überlegen, wie wir den Preis steigern und die Kosten reduzieren können." Salim findet das nicht logisch: Den Preis zu steigern sei ja einfach, schließlich legen die Freunde den Preis selbst fest, sie könnten ihn also einfach nach oben setzen. Bei den Kosten wiederum gibt es seiner Meinung nach kaum Möglichkeiten zur Einsparung, schließlich sind die Verträge mit der Reinigungsfirma und den Energieversorgern langfristig geschlossen, da lässt sich kurzfristig wenig ändern. Katrin widerspricht, schließlich könnten sie den Preis nicht beliebig hochsetzen, irgendwann würden ja keine Gäste mehr kommen. Die Freunde diskutieren noch einige Zeit und kommen zu dem Schluss, dass es noch weitere Zusammenhänge gibt, welche sie betrachten müssen. Wenn die Gäste zufrieden sind, kommen sie wieder und steigern so die Ankünfte oder bleiben vielleicht auch länger. Gäste sind am ehesten zufrieden, wenn ihre Erwartungen erfüllt oder übertroffen werden. Bei einer Ferienwohnung könnten Gäste Erwartungen an die Lage, die Ausstattung und die Sauberkeit der Wohnung haben als auch an die Professionalität und Freundlichkeit der Mitarbeitenden. Wenn diese Punkte alle positiv sind, wären Gäste vermutlich auch bereit, einen etwas höheren Preis zu bezahlen. Wenn diese Punkte negativ bewertet werden, kann es sein, dass Gäste das Preis-Leistungs-Verhältnis als schlecht beurteilen und nicht wiederkommen.

Die Kennzahlen, welche die Freunde bisher gefunden haben (Ankünfte, Aufenthaltsdauer, Kosten) lassen sich einfach als Zahlen ablesen. Sie werden in Anzahl, Tagen und Euro ausgedrückt bzw. können einfach berechnet werden. Das sind die sogenannten quantitativen Kennzahlen, die gezählt und gemessen werden können. Nicht so einfach zählen lassen sich die qualitativen Kennzahlen, wie die Freundlichkeit von Mitarbeitenden, die Zufriedenheit der Gäste oder die Sauberkeit der Wohnung. Das sind qualitative Kennzahlen, welche erst quantifiziert werden müssen, bevor sie gemessen werden können. So ist es zunächst schwierig, Gästezufriedenheit zu messen. Wenn man Gäste bei der Abreise fragt, wie ihnen der Aufenthalt gefallen hat, bekommt man meistens eine offene Antwort in ein paar Sätzen. Diese kann man nun sammeln und sich durchlesen und bekommt so einen Eindruck, ob die Gäste grundsätzlich zufrieden sind oder nicht. Vielleicht erhält man sogar Informationen darüber, was ihnen besonders gut gefallen hat und was noch verbesserungswürdig ist. Diese Vorgehensweise hat allerdings zwei Haken: Zum einen ist die Gästezufriedenheit somit immer ein subjektiver Eindruck, den eine Person auf Basis der Rückmeldungen hat. Dieser Eindruck ist nur schwer objektiv überprüfbar oder über verschiedene Zeiträume miteinander vergleichbar. Zum anderen können das bei vielen Belegungen sehr viele Feedbacks werden. Wenn man diese aneinanderreiht, erhält man einen sehr langen Text – es wäre sehr aufwendig, diesen immer wieder aufs Neue durchzulesen, um einen Eindruck zu bekommen, ob die Gäste zufrieden sind.

Eine Möglichkeit wäre nun, mittels großer generativer Sprachmodelle (large language models), welche auf künstlicher Intelligenz basieren, die Inhalte dieser Texte zu erfassen und zu strukturieren. Oder man bittet die Gäste um ein etwas strukturierteres Feedback, etwa auf einer Skala von „sehr unzufrieden" bis „sehr zufrieden" mit beliebig vielen Abstufungen dazwischen. Durch diese Vorgaben werden die Rückmeldungen strukturiert und damit vergleichbar. So kann man beispielsweise vergleichen, zu welcher Jahreszeit die Gäste am zufriedensten oder am unzufriedensten sind und ob die Investition in neue Gardinen die Zufriedenheit verbessert hat. Diese Vergleichbarkeit geht allerdings zulasten der Genauigkeit. Wenn viele Gäste angeben, sie seien „eher zufrieden" gewesen, so gibt das keine Auskunft darüber, was ihnen zur vollen Zufriedenheit gefehlt hat. Um die Angaben noch besser zusammenfassen zu können, wird die Skala oft auch mit Zahlen hinterlegt. So kann „sehr unzufrieden" eine eins sein und „sehr zufrieden" eine fünf. Wie hoch die höchste Zahl ist, hängt hierbei natürlich von den Zwischenabstufungen ab. Durch diese Zahlen lässt sich leichter ein Durchschnitt ausrechnen als bei nur mit Worten benannten Schritten. Dieser weitere Schritt der Quantifizierung führt zu noch genauerer Messbarkeit, da der Durchschnitt nun auch eine Dezimalzahl sein kann. Ohne die Zahlen könnte man z. B. ausrechnen, dass der Durchschnitt zwischen „eher zufrieden" und „zufrieden" liegt. Wenn diese Werte mit Zahlen hinterlegt sind, könnte man nun genauer sagen, dass der Durchschnitt bei 3,5 liegt. Oder eben bei 3,3 oder 3,7 – dadurch lassen sich auch kleine Veränderungen leichter abbilden und erfassen. Gleichzeitig braucht man eine Art „Übersetzung", um diese Zahl wirklich verstehen zu können. Man muss wissen, welche Zahl für welchen Zufriedenheitswert steht bzw. welche Zahl den höchsten und welche den niedrigsten Wert darstellt, um die Zahl einordnen und interpretieren zu können.

Die Darstellung von komplexen Sachverhalten in einer komprimierten und quantifizierten Kennzahl bringt also sowohl Chancen für die Messbarkeit und Vergleichbarkeit als auch Gefahren mit sich, dass Informationen verloren gehen. Die Wirklichkeit ist nun mal oft komplex und mehrdimensional, was sich durch eine einzige Zahl nur schwer ausdrücken lässt. Gleichzeitig reicht für einen ersten Eindruck oft die komprimierte Form, die sich auch leichter und schneller kommunizieren lässt. Für eine tiefgehende Analyse ist es dann jedoch hilfreich, auf mehr Informationen zugreifen zu können. Es hat sich – gerade bei komplexen Themen wie der Zufriedenheit – ein hybrides Modell bewährt: So könnten Gäste mithilfe einer Skala nach ihrer Zufriedenheit insgesamt oder auch bezogen auf einzelne Bereiche (Sauberkeit, Freundlichkeit etc.) gefragt werden und anschließend noch die Möglichkeit bekommen, nähere Informationen in einem offenen Text zu geben.

Mehr Aussagekraft erhalten Kennzahlen auch dadurch, dass man nicht eine Zahl isoliert betrachtet, sondern mehrere Kennzahlen gleichzeitig, ein sogenanntes Kennzahlensystem. Wird beispielsweise lediglich der Gewinn als Kennzahl betrachtet, so kann gut analysiert werden, wie dieser sich Monat für Monat entwickelt. Geht er jedoch zurück, so ist es schwierig zu sagen, woran es liegt. Wenn gleichzeitig auch noch Umsatz und Kosten betrachtet werden, so lässt sich leicht erkennen, ob der Gewinnrückgang an gestiegenen Kosten oder rückläufigem Umsatz liegt. Es ist manch-

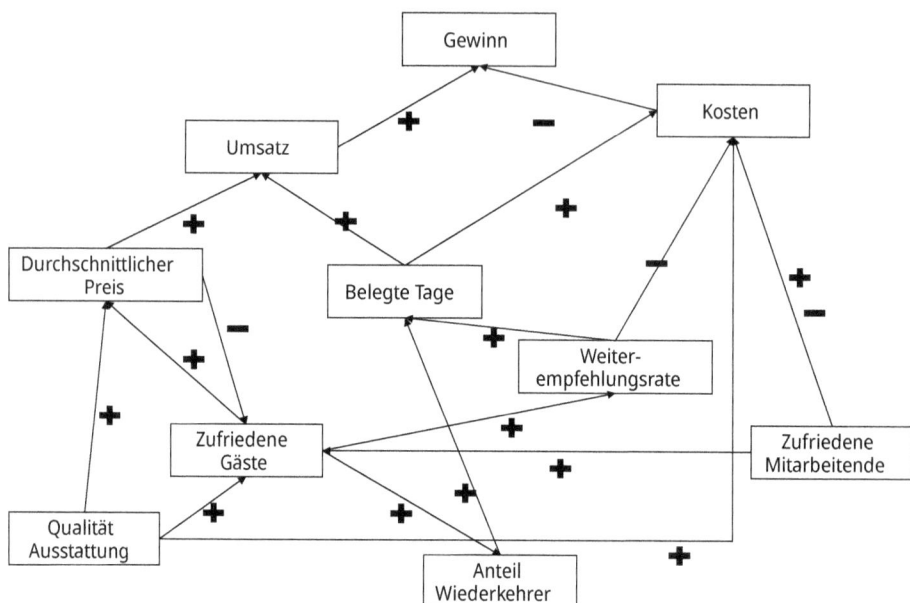

Abb. 1.2: Kennzahlensystem Erfolg Ferienwohnung.

mal schwierig, die richtige Anzahl an Kennzahlen zu finden. Es sollten ausreichend viele sein, um den Sachverhalt, in diesem Fall den Erfolg der Ferienwohnung, umfassend darzustellen. Gleichzeitig sollten es so wenige wie möglich sein, um gleichzeitig die Übersichtlichkeit nicht zu gefährden und den Überblick zu bewahren.

Die Freunde haben sich nach einigen Diskussionen auf ein Kennzahlensystem geeinigt, welches in Abbildung 1.2 dargestellt wird.

Die Plus- und Minuszeichen an den Pfeilen geben an, ob sie in Pfeilrichtung positiv oder negativ wirken. Der Pfeil von Kosten zu Gewinn hat ein Minus und ist daher zu lesen als: „Je höher die Kosten, desto geringer der Gewinn." Bei der Mitarbeiterzufriedenheit lässt sich die Auswirkung auf die Kosten nicht direkt einschätzen. Einerseits erhöhen faire Löhne, Zusatzleistungen und Benefits die Zufriedenheit von Mitarbeitenden, aber auch die Kosten. Andererseits kündigen zufriedene Mitarbeitende seltener, was zu geringeren Kosten für die Suche und Einarbeitung von neuen Mitarbeitenden führt. Aufgrund dieser Ambivalenz sind hier beide Zeichen aufgeführt.

1.2 Übernachtungsrate, Belegung und RevPAU

„Puh, das ist ganz schön komplex!", stöhnt Salim. „So viele Werte, auf die wir achten müssen, und das alles nur, um am Ende Gewinn zu machen und die Wette gegen Tante Irene zu gewinnen." Katrin nickt langsam: „Ich finde das auch recht umfangreich. Natürlich sind alle Zahlen wichtig, aber wenn wir uns jeden Tag alle diese Zahlen ansehen,

brauchen wir dafür ja viel zu viel Zeit. Die fehlt uns dann, um unsere Gäste zu betreuen und Buchungen anzunehmen." Miriam runzelt die Stirn: „Willst du damit sagen, dass wir uns die Zahlen nicht ansehen sollen, weil es uns zu viel Zeit kostet? Das kann ja nicht die Lösung sein, dass wir keine Ahnung haben, ob wir Gewinn oder Verlust machen, nur weil wir die Zeit nicht investieren wollen, uns ein paar Zahlen anzusehen!" „Naja, ganz so krass ist es ja nicht", beschwichtigt Salim. „Wir verbuchen ja alle Einnahmen und Ausgaben, daher wissen wir am Monatsende sehr genau, ob wir Gewinn oder Verlust gemacht haben. Und wenn wir Gewinn gemacht haben, ist alles super. Wenn der Gewinn zu niedrig ist oder sogar in Verlust umschlägt, können wir ja die Preise erhöhen, dadurch steigt der Umsatz und auch der Gewinn. Das steht ja so in unserem Kennzahlensystem." Katrin ist noch nicht überzeugt: „Ja, das stimmt, Salim. Aber das Kennzahlensystem sagt auch, dass der Umsatz auch von den belegten Tagen abhängt. Wenn wir nun die Preise erhöhen, könnte es ja sein, dass wir weniger Buchungen bekommen. Dann würde der Umsatz vielleicht sogar sinken!" Auch Miriam hat etwas einzuwenden: „Außerdem reicht es ja nicht, am Monatsende zu merken, dass den ganzen Monat über etwas schiefgelaufen ist. Meinetwegen müssen wir nicht jeden Tag stundenlang alle Kennzahlen analysieren, aber die wichtigsten sollten wir schon täglich im Blick haben."

Die Diskussion der Freunde zeigt sehr deutlich, wie wichtig die Balance bei Kennzahlen ist. Einerseits ist das Kerngeschäft der Vermietung von Ferienimmobilien eben diese Vermietung, d. h. der Kontakt mit (potenziellen) Gästen, die Buchungsverwaltung, die Reinigung und Instandhaltung der Immobilie und die Sicherstellung eines reibungslosen Ablaufs. Die Erstellung und Analyse von Kennzahlen kostet Zeit, die für das Kerngeschäft dann fehlt. In der Praxis wird oft argumentiert, dass das Kerngeschäft immer Vorrang habe, da hier schließlich das Geld verdient würde. Wenn das operative Geschäft etwas ruhiger sei, könne man sich ja mit den Zahlen beschäftigen. In dieser Ansicht liegt – wie von Miriam befürchtet – ein großes Risiko. Kennzahlen sind auch Frühindikatoren und können frühzeitig darüber Aufschluss geben, ob es negative Entwicklungen oder Trends gibt. Nur wenn man Kennzahlen regelmäßig betrachtet, kann man diese Entwicklungen erkennen und hat die Möglichkeit, etwas dagegen zu unternehmen. So lassen sich Umsatzpotenziale verwirklichen und Gefahren reduzieren oder gar ganz eliminieren. Es macht daher Sinn, die wichtigsten Kennzahlen möglichst täglich zu betrachten.

Im Kennzahlensystem der drei Freunde steht Gewinn ganz oben, schließlich ist die Gewinnerzielung das vorrangige Ziel eines Wirtschaftsunternehmens. Der Gewinn hängt ab von Umsatz und Kosten. Wie oben bereits erwähnt, handelt es sich bei den Kosten zu großen Teilen um Personalkosten. Hinzu kommen Energiekosten, ggf. Provisionskosten für die Vermittlung und Instandhaltungskosten. Diese Kosten basieren fast ausschließlich auf Verträgen – Arbeitsverträgen mit Mitarbeitenden, Versorgungsverträgen mit Energielieferanten und Vertriebsverträgen mit Vermittlern. Die Kosten sind in diesen Verträgen festgeschrieben. Wenn sich Kosten ändern, so verhandeln das die Vertragsparteien meist gemeinsam. Sollte eine einseitige Kostenanpassung möglich sein, so muss der Vertragspartner hierüber zumindest informiert werden. Das bedeutet auch, dass die Freunde hier auf jeden Fall informiert werden, wenn sich Kosten ändern. Um auf keinen Fall unangenehme Überraschungen zu erleben, können sie das Nutzungsverhalten betrachten. Wenn also Gäste viel mehr Heizen oder warmes Wasser verbrauchen als zuvor, können die Energiekosten steigen. Eine Schwankung ist hier jedoch eher über einen längeren Zeitraum und unter Berücksichtigung der Witterungsbedingungen zu erkennen. Auch bei der täglichen Betrachtung der Kosten ließen sich also kaum Erkenntnisse über Trends gewinnen. Zumal davon auszugehen ist, dass die Verträge wirtschaftlich geschlossen sind, eine Kostensenkung also nur in seltenen Fällen möglich ist. Daher werden die Kosten hier als weitestgehend gegeben angenommen. Der Hebel für eine Gewinnsteigerung liegt somit beim Umsatz.

Der Umsatz wird einerseits vom durchschnittlichen Preis bestimmt, welchen Gäste für die Unterkunft bezahlen. Hier ist zu beachten, dass der bezahlte Preis nicht komplett beim Gastgeber ankommt. So sind auf den Vermietungspreis, die Gebühr für die Endreinigung, Gebühren für Bettwäsche und Handtücher oder auch Haustiere aktuell 7 % Umsatzsteuer zu zahlen, für Abhol- oder Bringservice (z. B. vom Bahnhof), für die Verleihung von Sportgeräten und/oder Fahrrädern oder auch einen Wäschereiservice fallen aktuell 19 % Umsatzsteuer an. Die Umsatzsteuer ist ein durchlaufender Posten, d. h., der Vermietende zieht sie für den Staat ein und leitet sie direkt weiter. Ähnlich verhält es sich mit lokalen Steuern und Abgaben, wie Tourismusabgaben oder auch Kurabgaben, Kurtaxe, Kulturabgaben, Bettensteuer o. Ä. Wenn die Buchung der Wohnung nicht direkt über die Eigentümer, sondern über eine Agentur oder sonstige Vermittler kam, fällt noch eine Provision an. Auf die unterschiedlichen Modelle wird später noch genauer eingegangen. An dieser Stelle ist wichtig, dass auch die Provision vom Gast bezahlt wird, jedoch nicht beim Eigentümer verbleibt.

Relevant für die Eigentümer ist die Aufenthaltsrate, da diese letztendlich für die Kostendeckung und die Gewinnerzielung zur Verfügung steht. Aus Perspektive der Gäste ist der Gesamtpreis relevant, da dieser bezahlt werden muss. Da es bei der Kennzahlenbetrachtung um die Kalkulation von Umsatz und Gewinn geht, wird die Aufenthaltsrate herangezogen. Da diese üblicherweise in netto angegeben wird, kann auf den Beisatz „netto" verzichtet werden. Auch in diesem Buch ist mit „Aufenthaltsrate" stets die Netto-Rate gemeint.

Nach dem in Tabelle 1.1 abgebildeten Schema lässt sich für jeden Aufenthalt von Gästen die jeweilige Aufenthaltsrate bestimmen. Die Aufenthaltsdauer ist jedoch sehr unterschiedlich. Manche Gäste bleiben nur ein oder zwei Nächte übers Wochenende, andere verbringen zwei Wochen Urlaub in einer Ferienwohnung. Daher ist die Betrachtung je Aufenthalt zwar aus der Perspektive einer einzelnen Buchung sinnvoll, allerdings sind diese Buchungen ja nicht vergleichbar. Die Aussagekraft der Kennzahl „Aufenthaltsrate" ist also begrenzt, solange man die Dauer der Aufenthalte nicht kennt. Daher macht es Sinn, eine Kennzahl zu berechnen, bei der die Aufenthaltsdauer keine Rolle spielt. Dafür wird die Aufenthaltsrate durch die Anzahl der Nächte geteilt, so erhält man die Übernachtungsrate oder auch Average Daily Rate (ADR). Vgl. Tabelle 1.2.

Tab. 1.1: Gesamtpreis und Aufenthaltsrate.

3 Übernachtungen je 100 €	300,00 €
Reinigungsgebühr je Aufenthalt	60,00 €
5 Tage Tourismussteuer (5 €/Tag)	25,00 €
Gesamtpreis (zahlt der Gast)	**385,00 €**
Umsatzsteuer Übernachtungen (7 % von 300 €)	21,00 €
Umsatzsteuer Reinigungsgebühr (7 % von 60 €)	4,20 €
Provision für Vermittlung (3 % von 360 €)	10,80 €
Tourismussteuer (komplett)	25,00 €
Abgaben des Vermieters	**61,00 €**
Aufenthaltsrate netto (385 €–61 €)	**324,00 €**

Tab. 1.2: Aufenthaltsrate und Übernachtungsrate.

Aufenthaltsrate	324,00 €
Anzahl der Nächte	3
Übernachtungsrate (324 € / 3 Nächte)	**108,00 €**

Die Übernachtungsrate enthält im Gegensatz zu dem Übernachtungspreis, welchen der Gast bezahlt, zwar keine Steuern, Abgaben und Provisionen, dafür ist jedoch die Endreinigungsgebühr auf die Anzahl der Nächte umgelegt. Der Preis je Übernachtung, welchen der Gast bei der Buchung sieht, ist demnach nicht direkt mit der Übernachtungsrate vergleichbar. Mithilfe der Übernachtungsrate aus Tabelle 1.2 können nun einzelne Tage miteinander verglichen werden. Es kann jedoch sein, dass die Wohnung an einzelnen Tagen nicht vermietet ist. An diesen Tagen wird kein Umsatz generiert, die Übernachtungsrate liegt bei 0 €. Ein solcher Wert wirkt natürlich alarmierend, gleichzeitig sollte dadurch nicht die komplette Wirtschaftlichkeit infrage gestellt werden. Daher macht es Sinn, sich längere Zeiträume anzusehen, zum Beispiel Wochen, Monate oder Jahre oder auch spezielle Zeiträume wie Ferien. Für solche Zeitraumbetrachtungen wird der Durchschnitt der Übernachtungsrate gebildet. Die gängigste Möglichkeit, um einen Durchschnitt zu errechnen, ist das sogenannte arithmetische Mittel. Dafür werden alle Übernachtungsraten z. B. des Monats aufsummiert und durch die Anzahl der Nächte im Monat geteilt (siehe Abbildung 1.3).

In Abbildung 1.3 sind beispielhaft die unterschiedlichen Übernachtungsraten eines Monats aufgeführt. Diese schwanken zwischen 50,00 €/Nacht und 190,00 €/Nacht. Diese Schwankungen können sowohl von unterschiedlichen Preisen, die aufgerufen werden, beeinflusst werden als auch von der unterschiedlichen Aufenthaltsdauer und damit der Umlage der Reinigungsgebühr. Werden alle Raten zusammengezählt und durch die Tage bzw. Nächte des Monats geteilt, so erhält man als Durchschnitt nach der Berechnungs-

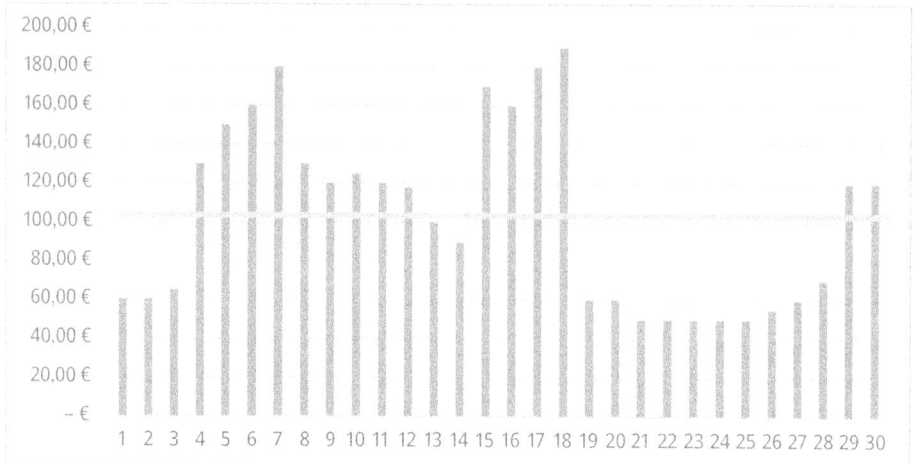

Abb. 1.3: Übernachtungsrate pro Tag und arithmetisches Mittel.

methode des arithmetischen Durchschnitts 103,43 € pro Nacht, welcher hier durch die horizontale Linie dargestellt ist.

Die Problematik bei diesem Durchschnittswert ist, dass er recht stark von „Ausreißern" beeinflusst wird. Die Tage mit einer Rate von 190,00 € oder auch jene mit nur 50,00 € beeinflussen die Summe besonders stark oder eben besonders schwach und haben daher einen übermäßig starken Einfluss auf den Durchschnitt. Nun wissen die Freunde jedoch, dass es in dem Monat eine Feiertagswoche gab, in der sehr hohe Preise für kurze Aufenthalte bezahlt wurden. Und auch einen längeren Aufenthalt mit sehr niedrigen Raten. Sie sind sich nicht sicher, ob beide Effekte den Durchschnitt gleich stark beeinflusst haben, und möchten sich daher nicht darauf verlassen, dass es im Mittel schon stimmt. Daher beschließen sie, die durchschnittliche Übernachtungsrate für den Monat mithilfe des Medians zu berechnen. Dafür werden alle Tage des Monats nach Höhe der jeweiligen Rate aufsteigend sortiert (siehe Abbildung 1.4).

Nachdem die Raten nun aufsteigend sortiert wurden, ist jener Wert der Median, der genau in der Mitte steht. Da der Beispielmonat 30 Tage hat, gibt es keinen eindeutigen Wert in der Mitte. Die Mitte ist zwischen dem Wert an 15. Stelle (Tag 13, Rate 100 €) und jenem Wert an 16. Stelle (Tag 12, Rate 118 €). In Abbildung 1.4 sind diese Werte mit der gepunkteten Linie markiert. Also wird der Mittelwert aus diesen beiden Werten gebildet. Die Summe der Raten ergibt 218 €. Wird sie durch zwei geteilt, erhält man den Wert, der rein rechnerisch genau zwischen diesen beiden Werten stehen müsste: Der Median beträgt 109 €.

Beim Vergleich von arithmetischem Mittel (Abbildung 1.3) und Median (Abbildung 1.4) wird deutlich, dass in diesem Beispiel die niedrigen Raten den Mittelwert stärker beeinflusst haben als die Tage mit sehr hohen Raten. Daher liegt der Median deutlich höher als der Durchschnitt nach der Mittelwertmethode. Gerade bei Zahlenreihen, bei denen es Ausreißer in beide Richtungen geben kann, sollte man sich deren

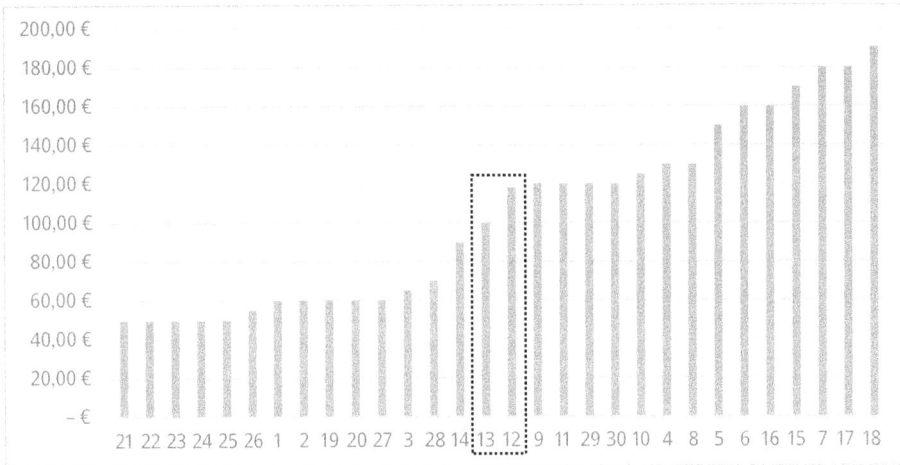

Abb. 1.4: Übernachtungsraten nach Höhe sortiert.

Einfluss auf den Durchschnitt bewusst sein und entsprechend den Median oder das arithmetische Mittel nutzen. Bei Übernachtungsraten macht fast immer der Median Sinn, damit der Durchschnitt nicht von einzelnen sehr hohen oder sehr niedrigen Raten verfälscht wird.

Neben dem Preis (bzw. der Übernachtungsrate) wird der Umsatz zudem durch die belegten Tage definiert. Je häufiger die Wohnung belegt ist, also je öfter die Übernachtungsrate bezahlt wird, desto mehr Umsatz wird generiert. Im Gegensatz zur Übernachtungsrate kann dieser Belegungswert zunächst nur zwei Werte annehmen: Entweder die Wohnung ist belegt oder sie ist nicht belegt. Zwischenwerte oder Abstufungen gibt es nicht, da die Zimmer nicht einzeln vermietet werden. Die Belegung (englisch: Occupancy oder auch OCC) wird in Prozent angegeben. Also wie viel Prozent der zur Verfügung stehenden Einheiten wurden in einem bestimmten Zeitraum vermietet? Da den Freunden nur eine Einheit, also eine Wohnung, zur Verfügung steht, sind immer entweder 100 % oder 0 % belegt. Ähnlich wie bei der Übernachtungsrate ist die Betrachtung eines einzelnen Tages hier nur selten wirklich aussagekräftig. Sinnvoller ist es, sich wieder längere Zeiträume wie Wochen oder Monate anzusehen. Wenn in einem Monat die Wohnung an 17 Tagen belegt war und an 13 Tagen nicht, so liegt die Belegung bei 57 %. Das errechnet sich aus der Anzahl der belegten Tage (17) geteilt durch die Anzahl der Tage im Betrachtungszeitraum (30). Der Wert (0,57) wird dann in Prozent umgerechnet, also mit 100 multipliziert und man erhält 57 %. Die Formel ist immer: die belegten Tage geteilt durch die verfügbaren Tage mal 100 %. So ließe sich zum Beispiel auch die durchschnittliche Belegung für mehrere Wohnungen berechnen (vgl. Tabelle 1.3).

Die verfügbaren Tage sind im Normalfall immer die Anzahl der Tage im jeweiligen Betrachtungszeitraum multipliziert mit der Anzahl der Einheiten. Im Beispiel in Tabelle 1.3 wären es also 30 Tage multipliziert mit drei Wohnungen. Diese Berechnung geht davon aus, dass die Wohnung an jedem Tag im Monat auch zur Verfügung steht.

Tab. 1.3: Berechnung Belegung für mehrere Wohnungen.

Belegte Tage (in einem Monat)	
Wohnung 1	17
Wohnung 2	23
Wohnung 3	12
Gesamt	**52**
Verfügbare Tage (Monat mit 30 Tagen)	
Wohnung 1	30
Wohnung 2	30
Wohnung 3	30
Gesamt	**90**
Belegung (52 / 90) × 100 %	**58 %**

Nun kann es jedoch sein, dass Reparaturen anstehen, welche nicht in wenigen Stunden zwischen Abreise und Anreise von Gästen durchgeführt werden können. Für solche mittleren bis größeren Reparaturen müsste die Wohnung für die Belegung gesperrt werden, sie könnte hier nicht belegt werden. Auch an jenen Tagen, an denen Irene das Möwennest selbst genutzt hat, stand dieses nicht zur Vermietung zur Verfügung. Für diese Tage, an denen die Wohnung nicht verfügbar ist, spricht man von „Out of Order"- oder auch „Blocked"-Zeiträumen.

Wäre im Beispiel aus Tabelle 1.3 beispielsweise in Wohnung 3 im betrachteten Monat für 10 Tage eine Reparatur durchgeführt worden, so hätte sich die Belegung der einzelnen Wohnung auf 12 / (30–10) × 100 %, also 60 %, verändert, die Belegung der drei Wohnungen zusammen auf 52 / (90–10) × 100 %, also 65 %. Ob diese nicht belegbaren Tage in die Kalkulation der Belegung mit aufgenommen werden sollten, hängt von der Betrachtungsweise ab. Theoretisch besteht an jedem einzelnen Tag die Möglichkeit, mit einer Ferienimmobilie Geld zu verdienen. Wenn diese Tage statt für die Vermietung für Reparatur oder Eigenbelegung genutzt werden, so ist das eine Entscheidung des Eigentümers, welche die Wirtschaftlichkeit schmälert, dies sollte sich dann auch in den Zahlen widerspiegeln, zum Beispiel indem die Belegung eben entsprechend niedriger ausfällt. Andererseits sind Reparaturen notwendig, diese lassen sich zeitlich nicht immer optimal planen. Wenn beispielsweise ein Wasserschaden auftritt, so ist die Wohnung nicht belegbar. Wird dieser Umstand in den Kennzahlen nicht reflektiert, so stellen die Kennzahlen die wirtschaftliche Leistung nur bedingt dar: Vielleicht war die Wohnung ja an allen Tagen, an denen eine Reparatur möglich war, vermietet – sie war eben nicht an allen Tagen des Monats durchführbar.

Eine weitere Möglichkeit ist, die Zeiträume der Eigennutzung, also wenn die Eigentümerin die Wohnung selbst nutzt, in die Belegung mit einzuberechnen. Dadurch würde die Belegung steigen, allerdings würde gleichzeitig die Übernachtungsrate sinken, da diesen belegten Tagen ja kein Umsatz entgegensteht. Rein auf der Belegungsseite bietet diese Möglichkeit jedoch die Chance, zwischen belegt (unabhängig durch wen), nicht belegt und nicht belegbar (z. B. durch Wasserschaden) zu unterscheiden.

Je nach Fragestellung, Analysegegenstand und Perspektive können also unterschiedliche Belegungskalkulationen sinnvoll sein. Daher macht es Sinn, die verschiedenen Zahlen zu speichern, um bei Bedarf auf unterschiedliche Berechnungsmethoden zurückgreifen zu können. Digitale Kennzahlen-Dashboards bieten oft die Möglichkeit, per Mausklick zwischen den Berechnungsmethoden zu wechseln. Unabhängig davon, ob man sich für eine Berechnungsmethode entscheidet oder zwischen den Methoden wechselt, die Basis der Berechnung sollte stets bekannt sein und in die Interpretation des Ergebnisses einbezogen werden.

Durch ihre Bemerkung, dass bei zu hohen Preisen ggf. weniger Gäste kommen, machte Katrin bereits deutlich, dass Belegung und Preis zusammenhängen. Je höher die Preise, desto weniger Gäste haben vermutlich Interesse an der Buchung der Wohnung. Liegt es daher nahe, sich mehr auf die Belegung als auf den Preis zu fokussieren? Auch das kann gefährlich werden – im Extremfall erreicht man die gewünschte hohe Belegung nur durch sehr niedrige Preise, die nicht mehr wirtschaftlich sind. Werden die Preise jedoch so hoch gesetzt, dass jede Belegung höchstmöglichen Umsatz generiert, so kann es sein, dass die Immobilie nur noch sehr selten bis gar nicht mehr gebucht wird. Von einem wirtschaftlichen Betreiben kann auch hier nicht die Rede sein. Daher kommt es immer darauf an, Belegung und Übernachtungsrate in Balance zu halten. Da es hier um die interne Betrachtungsweise geht, wird mit Übernachtungsraten kalkuliert, auch wenn die Belegung letztendlich durch die externen Preise direkter beeinflusst wird.

Die Kennzahl, welche Belegung und Rate gleichzeitig betrachtet, ist der Umsatz je verfügbarer Einheit, der Revenue per available unit (RevPAU). Bei den Übernachtungsraten wird der Umsatz je Belegung bzw. belegter Einheit betrachtet. Dadurch, dass diese Kennzahl nun durch die Verfügbarkeiten der Einheiten ergänzt wird, spielt die prozentuale Belegung auch mit hinein. Tabelle 1.4 zeigt beispielhaft die Berechnung der Kennzahlen. Ausgangslage ist hier ein Monat mit 30 Tagen, in dem die Wohnung 17 Tage belegt war und ein Nettoumsatz (Umsatz ohne Steuern und Gebühren) von 1.813 € erzielt wurde.

Alternativ zur in Tabelle 1.4 gezeigten Berechnungsmethode des RevPAUs lässt sich dieser auch als Produkt aus Belegung und Rate berechnen, in diesem Fall also

Tab. 1.4: Rate, Belegung, RevPAU.

Übernachtungsrate	Umsatz netto / belegte Tage	1.813 € / 17	106,65 €
Belegung	belegte Tage / verfügbare Tage × 100 %	(17 / 30) × 100 %	57 %
RevPAU	Umsatz netto / verfügbare Tage	1.813 € / 30	60,43 €

Tab. 1.5: Übernachtungsrate, Belegung und RevPAU mit unterschiedlicher Betrachtung von geblockten Zeiträumen.

Belegung: regulär vermietet, Verfügbar: ganzer Monat		
Übernachtungsrate	1.813 € / 17 Tage	106,65 €
Belegung	17 Tage / 30 Tage × 100 %	57 %
RevPAU	1.813 € / 30 Tage	60,43 €

Belegung: regulär vermietet + Eigentümerin, Verfügbar: ganzer Monat		
Übernachtungsrate	1.813 € / (17 Tage + 8 Tage)	72,52 €
Belegung	(17 Tage + 8 Tage) / 30 Tage × 100 %	83 %
RevPAU	1.813 € / 30 Tage	60,43 €

Belegung: regulär vermietet, Verfügbar: Monat ohne Reparatur		
Übernachtungsrate	1.813 € / 17 Tage	106,65 €
Belegung	17 Tage / (30 Tage – 5 Tage) × 100 %	68 %
RevPAU	1.813 € / (30 Tage – 5 Tage)	72,52 €

Belegung: regulär vermietet + Eigentümerin, Verfügbar: Monat ohne Reparatur		
Übernachtungsrate	1.813 € / (17 Tage + 8 Tage)	72,52 €
Belegung	(17 Tage + 8 Tage) / (30 Tage – 5 Tage)	100 %
RevPAU	1.813 € / 25 Tage	72,52 €

106,65 € × 57 % (bzw. 0,57). Unabhängig davon, welcher Rechenweg angewendet wird, sollte auch hier wieder definiert werden, wie mit jenen Tagen umgegangen wird, an denen die Wohnung nicht zur Vermietung zur Verfügung stand. Die unterschiedlichen Ansätze und Perspektiven wurden oben bereits erläutert, Tabelle 1.5 zeigt, wie sich die Kennzahlen entwickeln würden, wenn die Wohnung im betrachteten Monat noch acht Tage durch die Eigentümerin belegt gewesen wäre und fünf Tage aufgrund von Reparaturarbeiten nicht zur Verfügung gestanden hätte.

Wird die Belegung durch die Eigentümerin in die Belegung mit eingerechnet, sinkt die Übernachtungsrate, da nur die Belegungstage, nicht jedoch der Umsatz steigt. Der RevPAU bleibt durch den konstanten Umsatz und die konstante Verfügbarkeit gleich, dieser steigt jedoch, wenn die verfügbaren Tage um die Tage mit Reparaturarbeiten reduziert werden. Erwähnenswert ist auch der letzte Fall, welcher in Tabelle 1.5 dargestellt wird: Wenn die belegten Tage den verfügbaren Tagen entsprechen, so sind Übernachtungsrate und RevPAU identisch, wie sich auch in den Formeln zeigt.

1.3 Interpretation von Kennzahlen

Salim stöhnt: „Mensch, ich will doch nur die Wette gegen Tante Irene gewinnen, und jetzt muss ich mir überlegen, welche Berechnung der Belegung Sinn macht. Gleichzeitig kann ich nicht einfach die Preise erhöhen, um mehr Umsatz zu machen, ich muss gleichzeitig noch auf die Belegung achten, die ich so mühsam ausgerechnet habe. Irgendwie habe ich es mir einfacher vorgestellt, das Möwennest erfolgreich zu vermieten ..." Katrin versucht, ihn aufzumuntern: *„Das wird schon. Bezüglich der Belegungsberechnung schauen wir einfach, für was wir das Ergebnis brauchen und welche Methode Sinn macht. Die Berechnung ist dann ja nicht mehr schwer. Und bezüglich der Balance zwischen Rate und Belegung haben wir ja den RevPAU, da sehen wir direkt, ob wir die Balance gut hingekriegt haben oder nicht."* „Echt?", fragt Miriam skeptisch. *„Wenn wir einen RevPAU von 60 Euro haben, woher wissen wir dann, ob das gut oder schlecht ist? Wir brauchen doch irgendeinen Referenzwert."* „Mensch, Miri, aber den haben wir doch!", ruft Salim, *„Wir können doch anhand der Vergangenheitswerte ausrechnen, welchen RevPAU Tante Irene hatte. Wenn unserer darüber liegt, sind wir gut, ansonsten müssen wir was ändern."* Miriam bleibt skeptisch: *„Das mag ja für dieses Jahr ganz gut funktionieren, aber was ist mit nächstem Jahr? Soll unser Ziel da immer noch sein, einfach besser als vor zwei Jahren zu sein? Irgendwie muss das doch anders gehen."*

Die Diskussion der Freunde zeigt, dass es zur Interpretation von Kennzahlen, also um eine Aussage zu treffen, Handlungsnotwendigkeiten abzuleiten oder auch Entscheidungen zu treffen, mehr braucht als nur die Kennzahl an sich. Kennzahlen beschreiben Zustände, nicht mehr und nicht weniger. So sagen Rate und Belegung lediglich aus, wie oft die Wohnung belegt war und zu welchem durchschnittlichen Preis. Ob der so generierte Umsatz reicht, um Gewinn zu erzielen, oder ob die Freunde ihre Wette mit Tante Irene gewinnen, lässt sich im ersten Schritt schwer ableiten. Dafür braucht es Vergleichswerte. Die Freunde beschließen, sich Belegung und Rate pro Monat über ein ganzes Jahr hinweg anzusehen.

In Abbildung 1.5 ist erkennbar, dass die Belegung (Balken) zwischen knapp über 20 % im Januar, Februar und November und über 80 % im Juli und August schwankt. Die Rate (Linie) hat ihren Tiefpunkt im November mit unter 100 €, am höchsten wird sie im Juli und August mit über 200 €. Anhand dieser Werte lassen sich nun einzelne Monatswerte beurteilen (siehe Tabelle 1.6).

Durch den Vergleich mit anderen Monaten lassen sich die Belegung und die Rate einzelner Monate schon grob beurteilen. So lässt sich direkt erkennen, dass der Januar ein sehr schwacher und der August ein sehr starker Monat ist. Allerdings ist diese Beurteilung nicht wirklich aussagekräftig, da nicht bekannt ist, wie viele Abstufungen es gibt. Es ist nicht klar, ob „sehr schwach" die niedrigste Beurteilung ist oder ob es

Tab. 1.6: Beurteilung von Belegung und Rate.

Monat	Belegung	Rate	Beurteilung
Februar	23 %	99 €	Sehr schwach
Mai	59 %	141 €	Mittel
August	86 %	208 €	Sehr stark

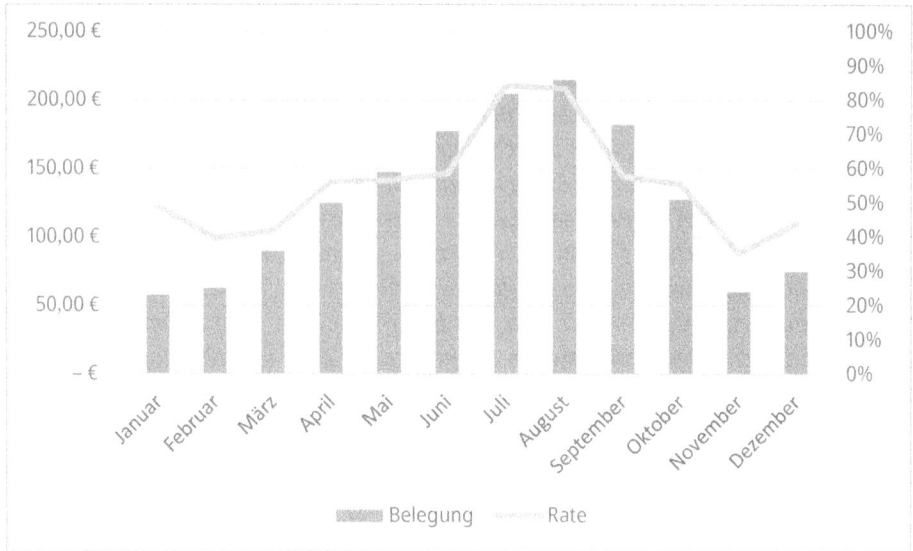

Abb. 1.5: Belegung und Rate im Jahresverlauf.

noch schlechtere Werte gibt. Das Gleiche gilt für die Beurteilung „sehr stark". Ebenfalls ist nicht bekannt, wie viele Abstufungen es dazwischen gibt. Um die Beurteilungen besser zu verstehen, wäre also eine Erklärung nötig, eine Art Legende, welche Beurteilungen es gibt. Das wäre aber wiederum kontraproduktiv, da Kennzahlen ja die Komplexität reduzieren und einen schnellen Überblick schaffen sollen. In der Praxis wird dies manchmal durch Ampelfarben umgesetzt, da diese üblicherweise nicht erklärungsbedürftig sind. So könnte man den August hier mit einer grünen Ampel, den Mai mit einer gelben und den Februar mit einer roten Ampel versehen. So ließe sich auf den ersten Blick erkennen, wie die Performance der einzelnen Monate aussieht. Gleichzeitig gibt es hier nur drei Unterscheidungen und die Grenzen zwischen den Farben müssten auch extra erläutert werden. Daher macht es oft Sinn, aus der Beurteilung eine Bewertung zu machen. Dafür ist es hilfreich, die Durchschnittswerte zu berechnen. Da es sowohl bei der Rate als auch bei der Belegung Ausreißer nach oben und nach unten gibt, ist hier die Median-Berechnung sinnvoll, um diese Ausreißer nicht zu sehr ins Gewicht fallen zu lassen. Der Median der Belegung im betrachteten Jahr liegt bei 51 %, der Median der Rate bei 139 €. Mithilfe dieser Durchschnittswerte lassen sich die Monate nun nicht nur beurteilen, sondern diese Beurteilung lässt sich durch die Hinterlegung mit Zahlen in eine Bewertung ändern (vgl. Tabelle 1.7).

Durch den Bezug zum Durchschnitt lassen sich die einzelnen Monate sehr viel genauer bewerten. Dabei können – wie bei der Bewertung des Augusts – die konkreten Abweichungen zum Durchschnitt genannt und in absoluten oder relativen Werten ausgedrückt werden. Auch eine grobe Bezugnahme auf den Durchschnitt, wie im Februar, ist möglich. Die Bewertung des Mais kommt hingegen komplett ohne Zahlenwerte aus.

Tab. 1.7: Beurteilung und Bewertung.

Monat	Belegung (Jahreswert Median 51 %)	Rate (Jahreswert Median 139 €)	Beurteilung	Bewertung
Februar	23 %	99 €	Sehr schwach	Belegung weniger als die Hälfte des Durchschnitts, Rate 40 € unter Durchschnitt
Mai	59 %	141 €	Mittel	Belegung und Rate knapp über dem jährlichen Durchschnitt
August	86 %	208 €	Sehr stark	Belegung 35 Prozentpunkte über dem Durchschnitt, Rate 49 % (68,96 €) über dem Durchschnitt

Je genauer die Bewertung gestaltet wird, desto schwieriger und komplizierter ist sie oft zu lesen. Welcher Detailgrad in der Bewertung gewählt wird, hängt zum einen von der Persönlichkeit des Bewertenden ab – Salim würde vermutlich eine andere Form wählen als Miriam –, zum anderen vom Empfängerkreis der Bewertung. Gegenüber einer Bank kommentieren vermutlich alle Freunde anders als untereinander.

In Abbildung 1.5 ist deutlich erkennbar, wie stark Rate und Belegung über das Jahr schwanken, was mit der Saisonalität von Ferienimmobilien leicht zu erklären ist. Beim Vergleich mit dem Jahresdurchschnitt werden Monate der Hauptsaison – im Beispiel Juli und August – immer sehr viel besser abschneiden als Monate der Nebensaison wie Februar oder November. Einerseits ist das korrekt, die Hauptsaison ist nun mal die Hauptsaison, weil sie deutlich stärker ist als andere Monate. Allerdings geht es ja bei der Interpretation von Kennzahlen auch darum, zu beurteilen, ob der betrachtete Monat wirtschaftlich erfolgreich war oder ob Anpassungen in der Strategie nötig sind. Solche Aussagen können aus dem Vergleich mit dem Jahresdurchschnitt nicht abgeleitet werden, hier würde die Nebensaison immer als schwach bzw. negativ beurteilt. Daher macht es Sinn, neben dem Durchschnittsvergleich auch einen historischen Vergleich mit dem Vorjahr oder auch mehreren Vorjahren durchzuführen. So sind die Monate vergleichbarer und ist der Vergleich dadurch aussagekräftiger.

Abbildung 1.6 zeigt die typischen Nebensaisonmonate im Vergleich zum Vorjahr. Es wird deutlich, dass die Belegung (Balken) im aktuellen Jahr im Januar und März etwas geringer war als im Vorjahr, in den anderen Monaten konnte sie gesteigert werden. Die durchschnittliche Rate lag in allen betrachteten Monaten leicht über dem Vorjahr. In jenen Monaten, in denen Belegung und Rate im Vergleich zum Vorjahr gestiegen sind, hier also Februar, Oktober, November und Dezember, lässt sich leicht ablesen, dass mehr Umsatz erzielt wurde als im Vorjahr. Für die Monate Januar und März kommt es darauf an, ob die Ratensteigerung den Rückgang an Belegung kompensieren konnte. Hierfür kann der RevPAU als Kennzahl herangezogen werden, der sich als Produkt aus Rate und Belegung berechnen lässt. Dabei wird deutlich, dass der RevPAU im Januar fast identisch zum Vorjahr lag, im März ist er leicht gesunken.

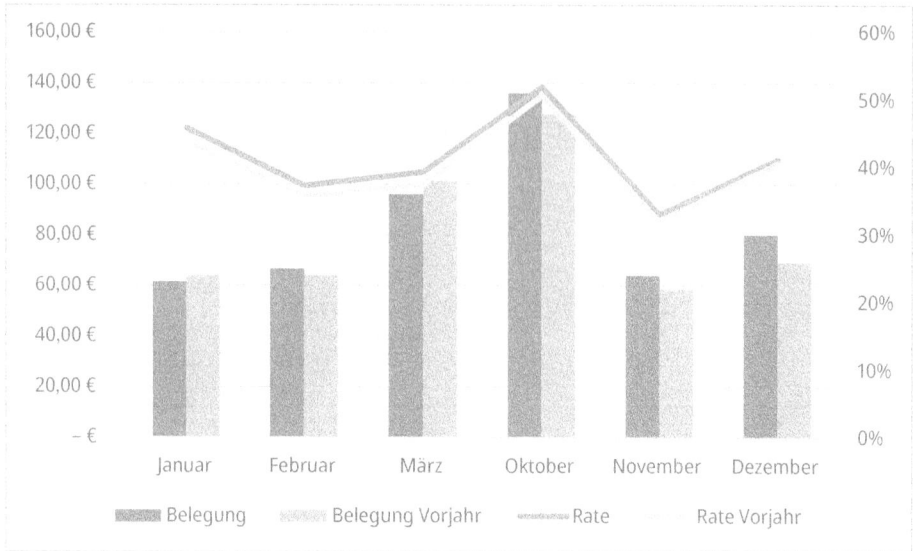

Abb. 1.6: Belegung und Rate Nebensaison vs. Vorjahr.

Miriam ist mit diesen Vergleichen sehr zufrieden: „Seht ihr, so können wir jeden Monat mit dem Vorjahr vergleichen und direkt sehen, ob wir besser oder schlechter sind als im Vorjahr. Und dann können wir analysieren, woran das liegt, weil wir uns dann ja noch unsere anderen Kennzahlen ansehen können. Und wenn ein paar Monate besser oder schlechter sind als das Vorjahr, können wir daran einen Trend erkennen." Sie wird richtig aufgeregt angesichts der Analysemöglichkeiten, die sich ihr bieten. Katrin jedoch bremst sie etwas: „Aber so ganz richtig ist diese Monatsbetrachtung ja nicht, selbst wenn wir sie mit dem Vorjahr vergleichen. Der März scheint bei dieser Betrachtung etwas schwächer zu sein als das Vorjahr. Das kann natürlich an zu günstigen Raten oder schlechterer Belegung gelegen haben. Oder einfach daran, dass letztes Jahr Ostern noch im März war und die ersten Osterurlauber im März kamen, während Ostern dieses Jahr komplett im April lag. Das müssen wir ja schon irgendwie berücksichtigen, oder?"

Katrin hat vollkommen recht, nicht immer ist der Vorjahresvergleich sinnvoll. Gerade wenn sich Ereignisse, welche starken Einfluss auf die Belegung haben, über den Monatswechsel hinweg verschieben, sind die Monate nicht mehr vergleichbar. Die Osterferien sind ein typisches Beispiel, ebenso wie die Verteilung der Feiertage auf Mai und Juni. Hier macht es Sinn, nicht die Monate zu betrachten, sondern die von dem Ereignis (z. B. Ostern) betroffenen Tage. So könnten beispielsweise die beiden Wochen vor und nach Ostern im Jahresvergleich betrachtet werden, um ein genaueres Bild zu erhalten. Bei einer einzelnen Wohnung würde die Belegung nur 0 % oder 100 % sein können. Um hier ein differenzierteres Bild zu zeigen, wird von einer mehrstufigen Belegung, also von mehreren betrachteten Wohnungen ausgegangen.

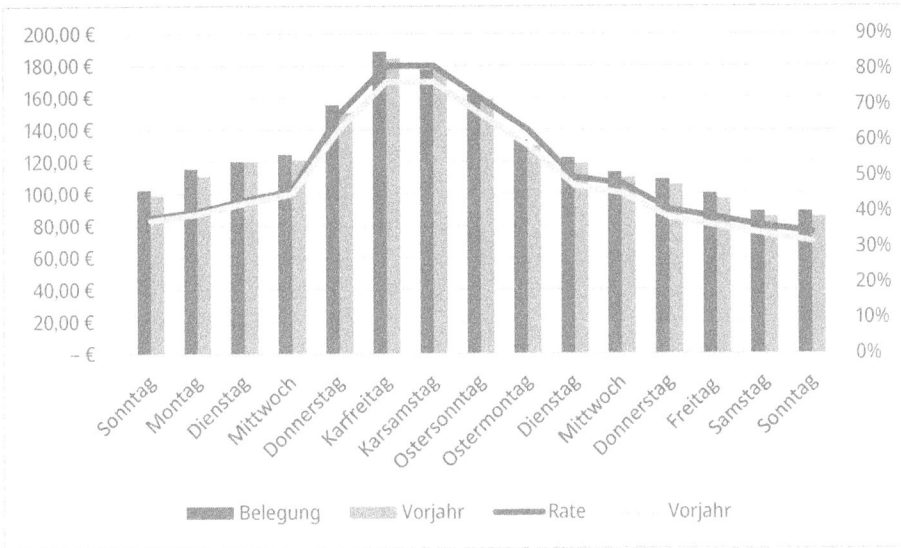

Abb. 1.7: Vergleich Belegung und Rate über Ostern mit dem Vorjahr.

Abbildung 1.7 zeigt den Jahresvergleich über die beiden Osterwochen, unabhängig davon, in welchen Monat sie fallen. Die Belegung konnte an fast allen Tagen leicht gesteigert werden und auch die Rate scheint gerade über die Feiertage selbst gestiegen zu sein. Um die Erträge der beiden Jahre zu vergleichen, hilft nun wieder der Vergleich des RevPAUs.

In Abbildung 1.8 wird deutlich, dass der RevPAU im aktuellen Jahr (dunkle Linie) konstant über dem RevPAU des Vorjahres (helle Linie) liegt. Daraus kann die Aussage abgeleitet werden, dass die Osterwochen im aktuellen Jahr besser verkauft wurden als im Vorjahr. Natürlich können auch die absoluten Werte des Umsatzes oder des RevPAUs insgesamt oder pro Tag miteinander verglichen werden. Die Aussagen wären dieselben, es kommt rein auf die Präferenz an, ob Tabellen oder Schaubilder als besser lesbar und verständlich angesehen werden.

Neben den Feiertagen spielen oft auch die jeweiligen Ferien für die Nachfrage nach Ferienimmobilien eine Rolle. So könnte neben den beiden Feiertagswochen um Ostern herum auch der Zeitraum der Osterferien verglichen werden. Das ist recht eindeutig, wenn nur ein Bundesland betrachtet wird bzw. mehrere Bundesländer mit identischen Ferienzeiten. Doch wenn davon ausgegangen wird, dass Gäste aus ganz Deutschland anreisen, so müssen die Ferien unterschiedlicher Bundesländer betrachtet werden. Während bei den Osterferien die meisten Bundesländer relativ einheitlich zwei oder drei Wochen um die Feiertage herum frei haben, sind die Sommerferien sehr viel weiter gestreut. Erste Ferien beginnen bereits im Juni oder Anfang Juli, während andere Bundesländer noch bis Mitte September in den Sommerferien sind. Um diese Zeiträume über die Jahre hinweg möglichst vergleichbar zu machen, kann

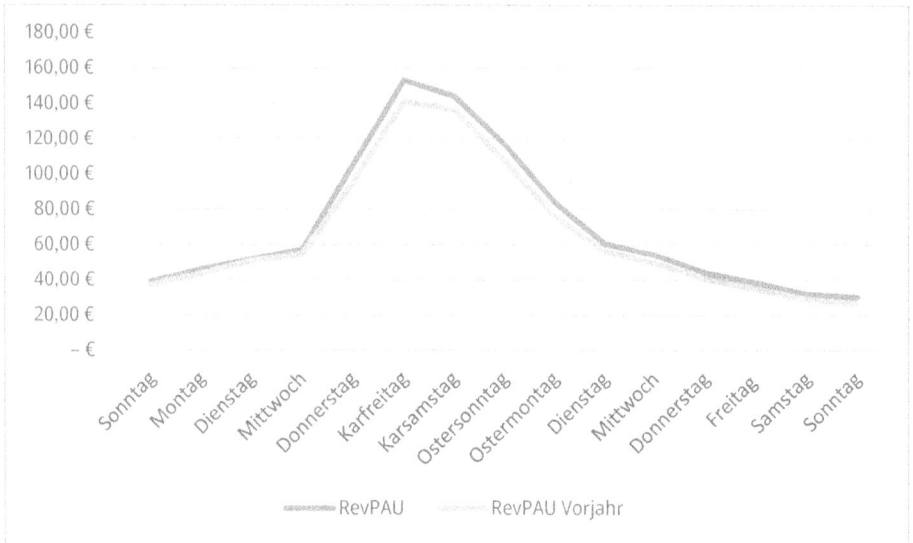

Abb. 1.8: Jahresvergleich RevPAU über die Osterwochen.

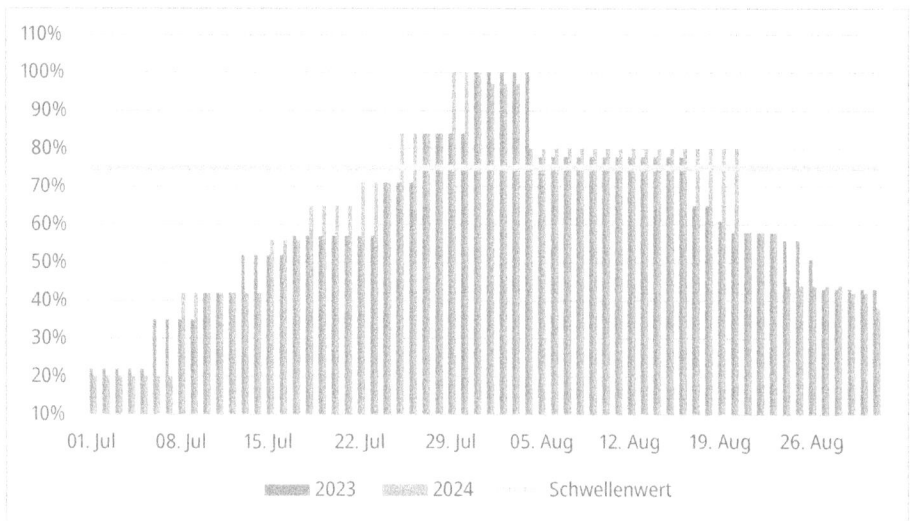

Abb. 1.9: Feriendichte 2023 vs. 2024.

man sich mit der Feriendichte behelfen. Diese sagt pro Tag aus, wie viel Prozent der Bevölkerung gerade Ferien haben. Durch die Berechnungsbasis der Bevölkerung wird gleichzeitig die unterschiedliche Größe der Bundesländer mit berücksichtigt. Bei einer Feriendichte von 100 % befinden sich alle Bundesländer in den Ferien. Je nachdem, welche Kombination aus Bundesländern noch Ferien hat, kann dieser Wert dann täglich bzw. wöchentlich schwanken.

Zum Vergleich der Sommermonate können nun unterschiedliche Methoden verwendet werden. Einerseits kann ein Schwellenwert festgelegt werden, ab wann ein Zeitraum als „Ferien" bezeichnet wird, z. B. wenn mindestens 75 % der Bevölkerung gerade Ferien haben. Diese Zeiträume können dann jährlich miteinander verglichen werden. Diese relativ einfache und pragmatische Lösung hat jedoch den Nachteil, dass die Zeiträume über die Jahre hinweg unterschiedlich lang sein können, je nachdem, wie sich die Ferien der Bundesländer gegeneinander verschieben. Abbildung 1.9 zeigt beispielhaft die Feriendichten im Juli und August 2023 und 2024. Bei einem Schwellenwert von 75 % würden in 2023 die Sommerferien vom 27. 07. bis 16. 08. betrachtet (21 Tage), in 2024 vom 25. 07. bis 20. 08. (27 Tage).

Andererseits kann man die Umsätze und die Feriendichte zu einer neuen Kennzahl zusammenfügen. Indem man den Umsatz durch die Feriendichte teilt, erhält man den kalkulatorischen Umsatz, der bei 100 % Feriendichte erreicht worden wäre (vgl. Tabelle 1.8). So können Tage mit unterschiedlichem Umsatz und unterschiedlicher Feriendichte miteinander verglichen werden. Bei dieser Methode ist zu beachten, dass andere Faktoren für eine Umsatzverschiebung nicht betrachtet werden. Unabhängig davon, für welche Methode man sich entscheidet, sollten nur jene Bundesländer in Betracht gezogen werden, aus denen Gäste für die Unterkunft anreisen. Hat man ein Bundesland, aus dem ein Großteil der Gäste kommt, kann es Sinn machen, dessen Ferien nochmals separat zu betrachten.

Tab. 1.8: Vergleich Umsatz bei unterschiedlicher Feriendichte.

Tag	Feriendichte	Umsatz	Umsatz bei 100 %
01. 07. 2022	20 %	300 €	1.500 €
01. 07. 2023	30 %	500 €	1.667 €

1.4 Aufenthaltsdauer, Belegungsfaktor und Vorausbuchungsfrist

„Puh", stöhnt Salim. „Erst klang das alles so einfach, aber es ist ja ganz schön kompliziert, welche Werte man für die Auslastungsberechnung nimmt und wie man die Feriendichte mit einkalkuliert. Seid ihr sicher, dass wir es uns hier nicht zu schwer machen?" Miriam schaut empört auf: „Zu schwer? Wir wollen das Möwennest doch wirtschaftlich führen, sodass es Wert gewinnt und nicht zerstört. Da müssen wir uns auf die Zahlen, auf denen unsere Entscheidungen basieren, schon verlassen können. Und sich mal ein bisschen Gedanken machen, welchen Einfluss welche Berechnungsmethode hat, ist ja wohl nicht zu schwer!" Katrin beschwichtigt die beiden: „Ich hätte auch nicht gedacht, dass wir uns so viele Gedanken machen müssen, nur um Belegung, durchschnittliche Rate und RevPAU auszurechnen. Aber das haben wir nun ja einmal getan und haben somit die wichtigsten Kennzahlen. Jetzt können wir damit ja weiter arbeiten." Miriam ist da etwas skeptischer, ob diese Kennzahlen wirklich schon ausreichend sind: „Sicher-

lich sind Belegung und Rate mit die wichtigsten Kennzahlen, weil sie ja direkt auf den Umsatz einwirken. Aber es gibt hier ja auch noch weitere Einflussfaktoren, oder? Ist es zum Beispiel besser, wenn wir viele kurze Belegungen haben, weil wir dann immer an der Reinigungsgebühr verdienen, oder ist es besser, wenige lange Belegungen zu haben, um keine Lücken zwischen den Buchungen zu riskieren? Außerdem wissen wir nicht, wie viele Personen durchschnittlich in der Wohnung übernachten – vielleicht könnten wir mehr Geld machen, wenn wir mehr Betten in die Wohnung stellen. All das sind doch auch Fragen, die wir irgendwie mit Kennzahlen beantworten können müssten, oder?" *Während Salim die Augen verdreht, macht Katrin sich über die Fragen, die Miriam gestellt hat, Gedanken, kommt aber nicht wirklich weiter.*

Die Überlegungen von Miriam sind durchaus richtig. Es gibt weitere Faktoren einer Buchung, welche sich auf die Wirtschaftlichkeit dieser Buchung auswirken. Da es Sinn und Zweck des Revenue Managements ist, die Ferienwohnung möglichst wirtschaftlich zu vermieten, sollten diese Faktoren gemessen werden. Zunächst hat Miriam die Aufenthaltsdauer angesprochen. In den Ferien ist die Wohnung oft für eine Woche, teilweise auch für zwei Wochen gebucht. Außerhalb von Ferienzeiten sind diese langen Buchungen eher ungewöhnlich, hier bleiben Gäste oft nur zwei bis drei Nächte über ein (langes) Wochenende. Die durchschnittliche Aufenthaltsdauer errechnet sich als:

Anzahl der belegten Tage einer Periode / Anzahl der Ankünfte einer Periode

Zu beachten ist, dass die Aufenthaltsdauer stark von Restriktionen wie zum Beispiel einer Mindestaufenthaltsdauer beeinflusst wird (siehe Kapitel 3.4). Dadurch ist die gemessene Aufenthaltsdauer stets durch das eigene Angebot verfälscht. Wenn die Wohnung online angeboten wird, kann ggf. gemessen werden, nach welchen Aufenthaltsdauern die Suchanfragen gestellt wurden, um so die gewünschte Aufenthaltsdauer von potenziellen Gästen abzuleiten. Wie die Periode der Berechnung gewählt wird, hängt von der Frage ab, die mithilfe der Kennzahl beantwortet werden soll. Die durchschnittliche Aufenthaltsdauer lässt sich über das ganze Jahr berechnen und zeigt damit wirklich den Durchschnitt, wie lange Gäste in der Wohnung bleiben. Es kann jedoch sein, dass dieser Durchschnitt fast nie gebucht wird, sondern lediglich den Mittelwert zwischen den langen Aufenthalten in der Feriensaison und den kurzen Aufenthalten in der Nebensaison darstellt. Gerade bei so starken Schwankungen innerhalb des Jahres macht es Sinn, die Periode etwas kürzer zu fassen. Ein monatlicher Durchschnitt scheint zunächst logisch. Allerdings haben die Ferien ja einen starken Einfluss auf die Aufenthaltsdauer und verschieben sich jährlich, teilweise auch über Monatsgrenzen. Somit wären einzelne Monate nicht über Jahre hinweg miteinander vergleichbar. Es könnte sein, dass die Aufenthaltsdauer im März eines Jahres sehr hoch ist, da Ostern früh liegt und viele Bundesländer schon im März Osterferien haben. Im nächsten Jahr, wenn Ostern zum Beispiel komplett in den April fällt, könnte die Aufenthaltsdauer für den März entsprechend kürzer sein, ohne dass die Freunde dies beeinflussen könnten.

Daher ist es sinnvoll, die Aufenthaltsdauer entweder für alle Ferienzeiten eines Jahres oder für einzelne Ferien (z. B. Osterferien, Herbstferien, Sommerferien) zu berechnen. Welche Zeiträume für die einzelnen Ferien angesetzt werden, kann anhand der Ferien-dichte bestimmt werden, wie in Kapitel 1.3 beschrieben. So lassen sich die Ferien über Jahre hinweg miteinander vergleichen und es lässt sich feststellen, ob die Aufenthalts-dauer länger oder kürzer wird. Ebenso kann mit den Nebensaisonzeiten verfahren werden. Hier kann überlegt werden, ob unterschiedliche Zeiten zusammengefasst wer-den. Die Freunde haben beispielsweise festgestellt, dass vor Ostern kaum Buchungen für das Möwennest kommen, im Frühjahr, also zwischen Osterferien und Sommerferien allerdings fast alle Wochenenden belegt sind, ebenso wie zwischen den Sommer- und den Herbstferien, während es danach wieder sehr ruhig wird. So könnten sie die Zeiten außerhalb von Ferien in verschiedene Saisonzeiten einteilen oder auch noch feinglied-riger werden und zum Beispiel die Feiertagswochen zusammenfassen – oder auch ein-zeln miteinander vergleichen. Bei Salim und Miriam führt die Frage, wie kleinteilig die Analyse sein soll, erwartungsgemäß zu Diskussionen. Miriam plädiert für die größtmög-liche Genauigkeit und scheut dafür keine Mühen. Salim ist der Meinung, dass auch eine Zusammenfassung von mehreren Zeiträumen eine ausreichende Aussagekraft hat. Eine noch kleinteiligere Analyse hält er für zu aufwendig, ohne den entsprechenden Nutzen zu sehen. Diese Diskussionen bzw. Überlegungen müssen je Ferienimmobilie und je nach Persönlichkeit des Betreibers individuell geführt werden, hier gibt es keine pau-schal bessere oder schlechtere Lösung. Neben der Betrachtung der reinen durchschnitt-lichen Aufenthaltsdauer kann es auch Sinn machen, sich die tatsächlichen Aufenthalts-dauern anzusehen. Am Beispiel der letzten Sommerferien sehen sich die Freunde alle zehn Ankünfte inklusive der Aufenthaltsdauern an (vgl. Abbildung 1.10).

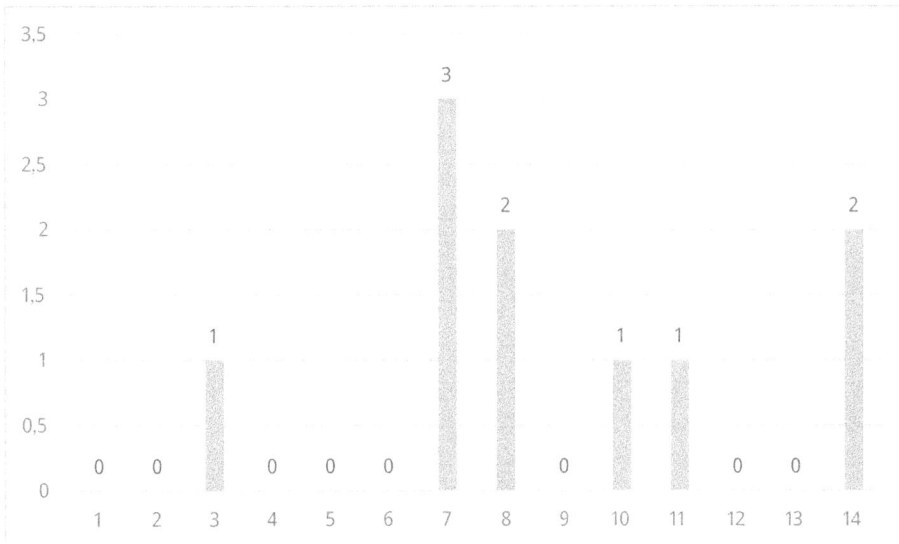

Abb. 1.10: Ankünfte nach Aufenthaltstagen.

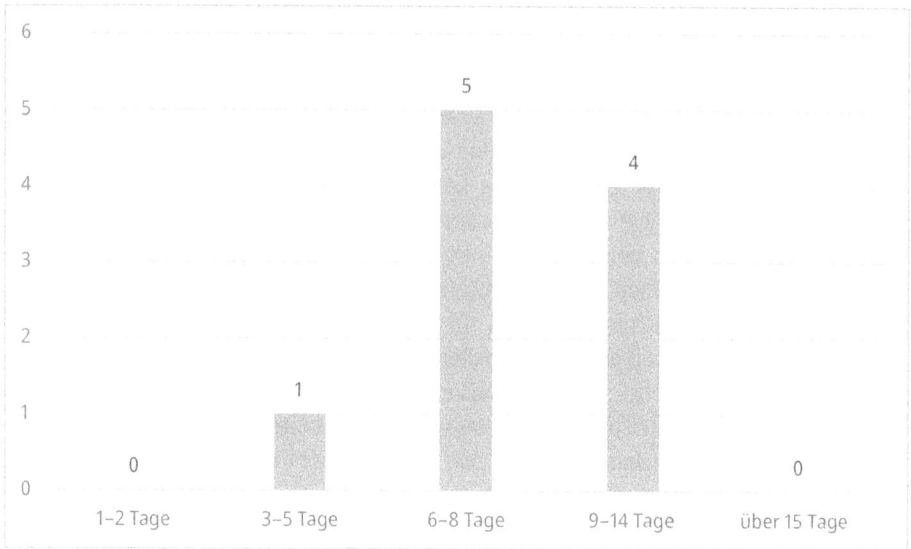

Abb. 1.11: Ankünfte nach Aufenthaltsclustern.

Es gab zehn Ankünfte in den vergangenen Sommerferien, die zusammen 89 Tage geblieben sind. Die durchschnittliche Aufenthaltsdauer lag also bei 8,9 Tagen. Dieser Wert gibt zwar die durchschnittliche Aufenthaltsdauer wieder, allerdings hat kein Gast einen Aufenthalt von 9 Tagen gebucht, der Durchschnittswert kann die Aussage-kraft also etwas verfälschen. Auch wenn man den Median ausrechnet, dieser liegt bei acht Tagen, gibt dieser Wert das tatsächliche Buchungsverhalten nur marginal besser an. Abbildung 1.10 zeigt die detaillierte Aufschlüsselung, wie sich die Buchungen auf die einzelnen Aufenthaltsdauern verteilt haben. Hier wird deutlich, dass am häufigs-ten Aufenthalte mit sieben Tagen gebucht wurden, gefolgt von acht und vierzehn Tagen. Diese Grafik stellt also das tatsächliche Buchungsverhalten der Gäste sehr viel besser dar. Allerdings gibt es einige Aufenthaltsdauern, welche gar nicht gebucht wur-den, etwa vier, fünf oder sechs Tage. Um durch diese Leerstellen das Schaubild nicht unnötig aufzuplustern, können die Aufenthaltsdauern auch in Clustern zusammenge-fasst werden, ein Beispiel zeigt Abbildung 1.11.

Diese Abbildung hat nun nicht mehr die detaillierte Aussagekraft wie Abbil-dung 1.10, allerdings ist sie kompakter und die Kernaussage bleibt, dass die meisten Gäste 6 bis 8 Tage gebucht haben, gefolgt von 9 bis 14 Tagen. Auch hier gilt abzuwä-gen, welchen Zusatznutzen der zusätzliche Detailgrad bringt und welcher Aufwand und schwerere Lesbarkeit auf der anderen Seite stehen.

Nachdem die Freunde verschiedene Ferienzeiträume miteinander verglichen ha-ben, stellen sie fest, dass die Aufenthaltsdauer während der Sommerferien von durch-schnittlich 10,8 Tagen innerhalb der letzten Jahre auf durchschnittlich 8,9 Tage gesun-ken ist. Sie stellen sich nun die Frage, die Miriam schon zuvor angesprochen hat: Was ist eigentlich besser, eine kürzere oder eine längere Aufenthaltsdauer? Um diese Frage zu beantworten, beschließen sie, verschiedene Beispielrechnungen durchzuführen. Dafür entscheiden sie sich für den August, den klassischen Ferienmonat. Hier waren die Preise bisher immer sehr statisch auf 130,00 €/Nacht. Wenn nun ein Gast den kompletten Monat gebucht hätte, so wären 31 × 130,00 € für die Übernachtungen fällig zuzüglich einmalig die Reinigungsgebühr von 60,00 €, also 4.090,00 € brutto, das entspricht 3.822,43 € netto, also einer Durchschnittsrate von 123,30 €. Das wäre der Extremfall einer sehr langen Buchung. Betrachtet man nun den anderen Extremfall, nämlich dass alle Nächte einzeln gebucht worden wären, also jeweils nur eine Aufenthaltsdauer von einer Nacht, so würden für die Übernachtung auch jeweils 130,00 € fällig, allerdings würde 31-mal die Reinigungsgebühr von 60,00 € hinzukommen. Der Gesamtbetrag wäre hier 5.890,00 € brutto, also 5.504,67 € netto, das würde einer Durchschnittsrate von 177,57 € entsprechen – eine deutliche Differenz zu den 123,30 € bei nur einem einzigen Aufenthalt. Beide Beispiele sind Extreme und sehr unwahrscheinlich. Die Rechnung mit Extremen hilft jedoch, Tendenzen einzuschätzen. So kann man auf Basis dieser Beispielrechnungen sagen, dass kürzere Aufenthalte grundsätzlich wirtschaftlicher für die Vermieter sind, da sie dann häufiger die Reinigungsgebühr einnehmen. Um den Effekt wirklich sauber zu rechnen, müssten hier natürlich noch die Kosten für die Reinigung betrachtet werden. Eine tägliche Reinigung ist nicht mit einer Reinigungskraft zu schaffen, zudem würden ggf. Sonn- oder Feiertagszuschläge fällig werden. Diese Kostenbetrachtung wird hier jedoch außen vor gelassen, da sich das Revenue Management vorrangig mit der Umsatzseite beschäftigt.

Es lässt sich ausrechnen, wie hoch die Durchschnittsrate bei jeder Aufenthaltsdauer zwischen einer Nacht (177,57 €) und 31 Nächten (123,30 €) liegen würde. Mit zunehmender Aufenthaltsdauer sinkt sie. Gleichzeitig steigt bei kürzeren Aufenthaltsdauern auch die Gefahr, dass die Wohnung in einer Nacht nicht vermietet wird. Dieser Leerstand erzeugt kalkulatorische Kosten von 130,00 € brutto, also 121,50 € netto. Diese Kosten werden kalkulatorische Kosten genannt, da sie ja nicht tatsächlich als Kosten entstehen. Sie tauchen nur in den Kalkulationen auf, da die Wohnung pro Nacht ja zu 130,00 € brutto hätte vermietet werden können und dieser Umsatz nun nicht generiert wird. Um nun zu bewerten, welche Aufenthaltsdauer die wirtschaftlich beste ist, muss eingeschätzt werden, bei welcher Aufenthaltsdauer wie viele Leerstandstage zu erwarten sind. Üblicherweise werden die Wochenenden zur An- bzw. Abreise genutzt. Bei Aufenthaltsdauern von sieben oder 14 Tagen ist die Wahrscheinlichkeit am höchsten, die Wohnung „back to back", also ohne Leerstand dazwischen zu vermieten. Wenn die Aufenthaltsdauer um einen Tag von der klassischen Woche abweicht, also zum Beispiel sechs oder acht Tage beträgt, so kann es schwierig sein, den einen Tag dazwischen zu vermieten, hier müsste also mit einem Tag Leerstand kalkuliert werden. So kann das Risiko für Leerstandstage je nach Aufenthaltsdauer festgelegt werden. Das ist eine reine Risikoschätzung, welche natürlich vielen Unsicherheiten unterliegt. Sie ist damit nicht als gesetzt, sondern lediglich als Schätzung anzusehen. Je fundierter diese Schätzung ist, desto belastbarer sind die entsprechenden Kalkulationen.

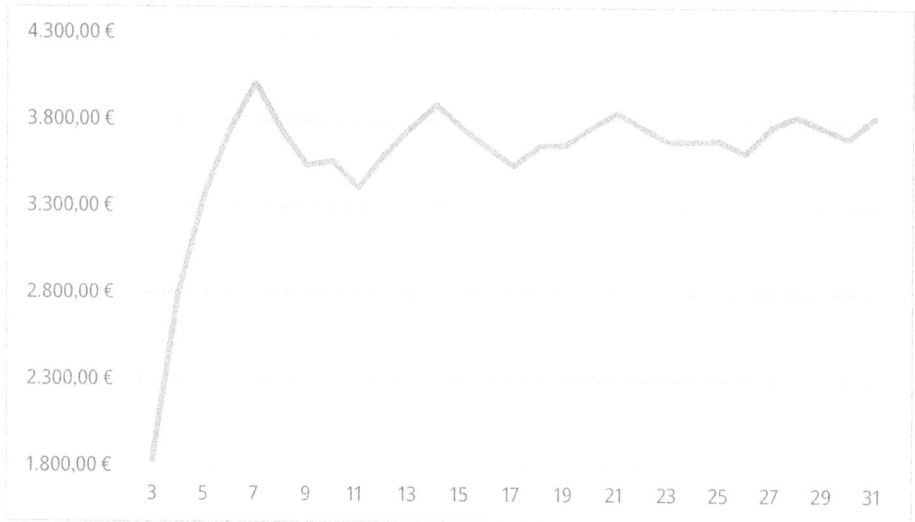

Abb. 1.12: Bereinigter Umsatz je nach Aufenthaltsdauer.

Für dieses Beispiel wurde davon ausgegangen, dass bei Vielfachen von sieben, also Aufenthaltsdauern, welche genau einer Woche entsprechen, die Wahrscheinlichkeit für Leerstand bei null liegt. Je mehr die Aufenthaltsdauer von ganzen Wochen abweicht, desto größer die Gefahr. Nun kann für den Monat August für jede Aufenthaltsdauer ausgerechnet werden, welcher Umsatz generiert wird. Dabei wird davon ausgegangen, dass alle Aufenthalte zu genau dieser Aufenthaltsdauer stattfinden, also die 31 verfügbaren Tage durch die Aufenthaltsdauer geteilt. Bei einer Aufenthaltsdauer von 10 Nächten beispielsweise würden 3,1 Aufenthalte im August stattfinden. Der Umsatz wäre 31 × 130,00 € an Übernachtungskosten zzgl. 3,1 × 60,00 € Reinigungsgebühren. Netto würde das einem Umsatz von 3.940,19 € entsprechen. Bei einem Aufenthalt von 10 Tagen wurde geschätzt, dass je Aufenthalt ein Tag Leerstand riskiert wird, also 3,1 Tage Leerstand. Pro Tag Leerstand fallen kalkulatorische Kosten in Höhe von 121,50 € netto an, in diesem Beispiel also 3,1 × 121,50 €, das entspricht 376,64 €. Diese kalkulatorischen Kosten müssten nun vom Umsatz abgezogen werden. 3.940,19 € abzüglich 376,64 € entspricht einem bereinigten Umsatz von 3.563,55 €. Wenn diese Rechnung nun für alle Aufenthaltsdauern zwischen eins und 31 durchgeführt wird, so zeigt sich, dass bei sehr kleinteiligen Aufenthalten von ein oder zwei Nächten das Risiko für Leerstand zwischen den Aufenthalten zu hoch ist. Daher fängt Abbildung 1.12 bei einer Aufenthaltsdauer von drei Nächten an und zeigt jeweils den kalkulierten, bereinigten Umsatz.

Es wird deutlich, dass bei den ganzen Wochen (7, 14, 21, 28) der Umsatz jeweils einen Peak hat, da hier das Leerstandsrisiko als inexistent angesehen wird. Bei sieben Tagen ist der Umsatz am höchsten, da hier die meisten Aufenthalte (4,43) getätigt werden können und somit der höchste Umsatz an Reinigungsgebühr anfällt. In diesem

Beispiel scheint die optimale Aufenthaltsdauer demnach bei sieben Tagen zu liegen, da hier die Kombination aus Gefahr des Leerstandes und Umsatz mit Reinigungsgebühr optimal erscheint. Diese Rechnung hängt jedoch von den Risikoeinschätzungen des Leerstandes ebenso ab wie von der Höhe der Rate und der Reinigungsgebühr und ist daher nicht als allgemeingültig anzusehen. Wie die Aufenthaltsdauer beeinflusst werden kann, wird im Kapitel zum Yield Management ausführlich behandelt.

Neben der Aufenthaltsdauer ist auch der Belegungsfaktor ein wichtiger Faktor für die Wirtschaftlichkeit einer Buchung. Einerseits entstehen für die Belegung mit mehr Personen höhere Kosten bei der Endreinigung, gerade in Bezug auf Handtücher und Bettwäsche. Andererseits können diese Mehrkosten auch an die Mieter weitergegeben werden. So kann es einen Basispreis beispielsweise für die Belegung mit bis zu zwei Personen geben und jede weitere Person dann mit einem Aufschlag bepreist werden. Kostet eine Ferienwohnung, welche vier Schlafmöglichkeiten bietet, beispielsweise 100,00 € pro Nacht, so könnte dieser Preis für die Belegung mit ein oder zwei Personen aufgerufen werden und für die dritte und vierte Person beispielsweise jeweils ein Aufschlag von 20,00 €. Hierbei kann überlegt werden, ob ein Rabatt auf diesen Aufschlag für Kinder gegeben wird oder nicht. Rein von der Kostenseite her wäre ein Rabatt kaum zu rechtfertigen, da der Reinigungsaufwand bei einer Belegung mit Kindern grundsätzlich nicht geringer sein wird als bei einer Belegung mit Erwachsenen. Gleichzeitig sind es viele Gäste aus Hotels jedoch gewöhnt, dass Kinder, welche noch im Bett der Eltern schlafen, oft kostenfrei übernachten und es auch bis zum Teenageralter noch einen gewissen Rabatt gibt. Wie die Preisgestaltung hier im Detail aussieht, hängt auch davon ab, was die Zielgruppe des Objektes ist, also ob Kinder erwünscht sind oder eher nicht. Ähnlich verhält es sich mit Haustieren. Es kann definiert werden, ob und wenn ja welche Haustiere zugelassen werden und was diese an Aufpreis für die entsprechende Reinigung kosten. Diese Abwägung sollte wohlüberlegt getroffen werden. Ferienunterkünfte sind für Haustierbesitzer oft die bevorzugte Art des Urlaubs, sodass ein Verbot von Haustieren die Zielgruppe deutlich einschränken würde. Gleichzeitig kann die Erlaubnis von Haustieren potenzielle Gäste ohne Haustiere oder gar mit einer Tierhaarallergie auch abschrecken.

Um den Belegungsfaktor für eine Wohnung zu kalkulieren, wird die Anzahl der Gäste einer Periode durch die Anzahl der belegten Tage geteilt. Wenn im Juni beispielsweise 26 Tage belegt waren und insgesamt 68 Gäste in der Wohnung übernachtet haben, so war die Wohnung im Durchschnitt mit 2,6 Personen belegt, der Belegungsfaktor beträgt also 2,6. Wie schon bei der Aufenthaltsdauer ist dieser Durchschnittswert sehr kompakt und schnell zu lesen und zu verstehen, allerdings reduziert er die Komplexität auch massiv. So geht aus diesem Durchschnittswert nicht hervor, wie viele Buchungen mit wie vielen Personen getätigt wurden. Alternativ könnten die Belegungen auch nach Personenanzahl aufgeteilt werden: So könnte man ablesen, dass drei Tage mit nur einer Person belegt waren, jeweils neun Tage mit zwei und mit drei Personen und fünf Tage mit vier Personen. Abbildung 1.13 zeigt diese Aufteilung prozentual. Hier wird deutlich, dass 70 % der Gäste mit entweder zwei oder drei Personen übernachtet haben.

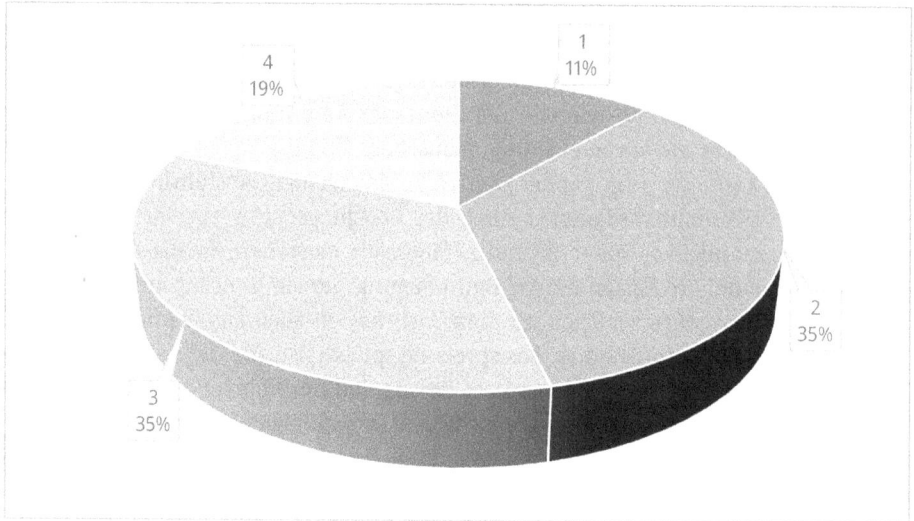

Abb. 1.13: Aufteilung der Belegungstage nach Anzahl der Gäste.

Diese Anteile können nun über verschiedene Zeiträume miteinander verglichen werden, um Trendänderungen zu erkennen und Rückschlüsse auf die Zielgruppe zu erlauben. So können Nachfrageänderungen erkannt werden und das Angebot falls möglich angepasst werden. Wenn beispielsweise der Anteil an Buchungen mit drei oder vier Personen deutlich zunimmt, könnte versucht werden, durch eine Schlafcouch noch weitere Schlafmöglichkeiten zu schaffen, um auch für größere Gruppen attraktiv zu werden. Wenn jedoch der Anteil an Buchungen mit ein oder zwei Personen zunimmt, könnte überlegt werden, das zweite Schlafzimmer perspektivisch einer anderen Nutzung zuzuführen, beispielsweise einen Wellnessbereich einzubauen.

Der Belegungsfaktor bezieht sich rein auf die Erwachsenen, bei Kindern und Haustieren macht es meist Sinn, diese separat zu betrachten, um ein differenziertes Bild zu erhalten. So kann entweder die absolute Anzahl an Kinder und Haustieren festgehalten werden oder deren prozentualer Anteil an den belegten Tagen.

Tab. 1.9: Belegungen mit Kindern und Haustieren.

Belegte Tage	Erwachsene	Kinder	Haustiere
26	68	13	8

Aus den Zahlen in Tabelle 1.9 ließe sich beispielsweise herauslesen, dass der Belegungsfaktor 2,6 beträgt (68 Erwachsene geteilt durch 26 belegte Tage). Zudem wird deutlich, dass im Schnitt pro Belegungstag etwa 0,5 Kinder und 0,3 Haustiere übernachtet haben. Wenn maximal ein Kind bzw. ein Haustier zugelassen wird, so könnte

Tab. 1.10: Belegungstage nach Anzahl Kinder und Erwachsener.

Erwachsene	Kinder		
	0	1	2
1	3		
2		7	2
3	7	2	
4	5		

man hieraus Rückschlüsse auf die Belegung ziehen, etwa dass bei der Hälfte der Belegungstage ein Kind mit übernachtet und bei einem Drittel ein Haustier. Da jedoch ggf. mehr als ein Kind und mehr als ein Haustier an einem Tag übernachtet haben könnten, verfälscht sich das Bild. Daher kann es sinnvoll sein, sich die Anzahl der Belegungstage nach Erwachsenen/Kinder-Kombinationen zu betrachten (vgl. Tabelle 1.10).

In Tabelle 1.10 sind die Belegungstage nach Kombinationen aus Kindern und Erwachsenen aufgeführt. Es wird deutlich, dass die meisten Belegungstage mit zwei Erwachsenen und einem Kind bzw. mit drei Erwachsenen ohne Kinder belegt waren. Die Tabelle um die Dimension der Haustiere zu ergänzen würde die Tabelle wieder recht unübersichtlich machen, ebenso wie das Auflisten aller möglichen Kombinationen aus Erwachsenen, Kindern und Haustieren. Daher könnte die Tabelle kopiert werden und es könnten anstatt Kinder die Haustiere aufgeführt werden. Wenn gezeigt werden soll, ob bei der Belegung mit Tieren auch Kinder dabei sind, könnten die Zeilen anstatt mit ein bis vier Erwachsenen auch mit null bis zwei Kindern beschriftet werden, hier würde die Anzahl der Erwachsenen dann wegfallen. In welchem Detailgrad und in welcher Häufigkeit sich diese Zahlen angesehen werden, hängt davon ab, welche Entscheidungen daraus abgeleitet werden sollen. Wenn es um die Ausstattung der Wohnung mit Tier- bzw. Kinderbedarf geht, ist eine Betrachtung ein- bis zweimal im Jahr vermutlich ausreichend. Wenn es um die Definition von Zielgruppen geht, auf die das Marketing ausgerichtet werden soll, macht eine kontinuierliche Betrachtung mindestens im Monatsrhythmus Sinn.

Ein weiterer Faktor, welchen die Freunde im Zusammenhang mit der Wirtschaftlichkeit von Buchungen diskutiert haben, ist die Vorausbuchungsfrist der Buchungen, die sogenannte Leadtime. Die Leadtime ist die Zeitspanne zwischen Buchung des Aufenthalts und tatsächlicher Anreise. Katrin ist der Meinung, dass eine möglichst lange Leadtime gut wäre, also wenn die Gäste möglichst weit im Voraus buchen. So können die Freunde ihre Belegung einschätzen und wissen, wann welche Gäste kommen und auch mit welchem Umsatz zu rechnen ist. Salim ist anderer Meinung. Er fände es besser, wenn die Wohnung der Freunde die letzte in der Umgebung ist, die noch Zimmer hat, um diese dann möglichst teuer verkaufen zu können. Ähnlich wie bei der Kalkulation der optimalen Aufenthaltsdauer geht es auch hier wiederum um die

Einschätzung des Risikos. Wenn die Gäste weit im Voraus buchen, hat man relativ früh die Sicherheit, dass die Wohnung nicht leer steht. Sollten die Buchungen geringer sein als erwartet, so ist immer noch ausreichend Zeit, um durch Marketingaktionen Buchungen zu generieren. Allerdings ist man durch langfristige Buchungen auch an die vereinbarten Preise gebunden. Wenn die Nachfrage kurzfristig steigt bzw. stärker ist als erwartet, können nur Preise für zukünftige Buchungen angehoben werden, nicht für jene, welche bereits fest gebucht haben. Daher macht hier oft das gesunde Mittelmaß Sinn: einige langfristige Buchungen, um die Basisbelegung in den einzelnen Monaten sicherzustellen, aber auch noch ein paar Lücken, um bei kurzfristig starker Nachfrage von höheren Preisen zu profitieren. Wie stark die Buchungen auf lang- bzw. kurzfristig gesteuert werden, hängt somit von der Risikoeinstellung des Betreibers ab, ebenso wie von dem Ausmaß, in dem das Buchungsverhalten der Zielgruppe sich steuern lässt. Von elementarer Bedeutung ist jedoch, die Leadtime je Aufenthaltszeitraum zu kennen, um den aktuellen Buchungsstand abschätzen zu können. Vermieter sollten wissen, wann üblicherweise Buchungen für bestimmte Ferien getätigt werden. So können sie einschätzen, ob die aktuellen Buchungen für die Ferien der Leadtime entsprechen und ob sie noch mit weiteren Buchungen rechnen können. Sollte die eigene Wohnung bereits ausgebucht sein, können Sucheingaben auf Online-Buchungsplattformen einen Hinweis darauf geben, wann nach welchen Aufenthaltszeiträumen gesucht wird. Auf Basis dieses Wissens können dann Entscheidungen bezüglich der Steuerung getroffen werden – vergleiche hierzu auch die Kapitel 3 und 4.4.

2 Segmentierung und Distribution

2.1 Differenzierung von Kundengruppen

Katrin sitzt über den wöchentlichen Analysen und stöhnt: „Wir hatten im März schon etwas weniger Belegungstage als im letzten Jahr, das hatten wir ja mit der Verschiebung der Osterfeiertage begründet. Aber für den Juni letztes Jahr kamen die Buchungen größtenteils bis zum Jahreswechsel rein, wir müssten jetzt also schon viel mehr Buchungen haben, wenn wir das gleiche Ergebnis erzielen wollen wie letztes Jahr. Aber das wird langsam schwierig." „Wie meinst du das, schwierig?", fällt Salim ein, „Wir müssen nicht nur das gleiche Ergebnis erzielen wie letztes Jahr, wir müssen ja besser sein, um die Wette mit Tante Irene zu gewinnen. Aber vielleicht buchen die Leute einfach kurzfristiger dieses Jahr. Wir können ja die Preise ein bisschen senken und noch mal ein bisschen Online-Werbung machen, dann kommen die Buchungen schon noch." Jetzt mischt sich auch Miriam ins Gespräch ein: „Aber wir wissen ja gar nicht, ob es an den Preisen liegt. Vielleicht gibt es ganz andere Faktoren, weswegen die Kunden uns nicht buchen. Und wenn wir dann die Preise senken, bringt das nichts. Außer dass die Gäste, die uns auch zu höheren Preisen gebucht hätten, jetzt weniger bezahlen und wir Umsatz verlieren." Katrin ist unsicher: „Aber woher sollen wir wissen, warum die Gäste uns nicht buchen? Diejenigen, die uns nicht buchen, können wir ja nicht fragen, und die anderen haben uns ja gebucht." Salim springt auf: „Ich hab's! Wir rufen einfach die Gäste an, die uns letztes Jahr gebucht haben, und fragen, warum sie dieses Jahr nicht wiederkommen. Dann wissen wir es." Miriam zögert: „Das könnten wir sicherlich machen. Aber das wäre ja sehr aufwendig. Und ich weiß nicht, ob die Leute sich nicht belästigt fühlen würden. Vielleicht wollen sie einfach nur woanders Urlaub machen. Es müssen ja nicht unbedingt die gleichen Gäste wieder kommen, aber halt andere. Wenn wir wüssten, warum die Gäste letztes Jahr zu uns gekommen sind, könnten wir analysieren, auf wen diese Gründe auch noch zutreffen, und versuchen, neue Gäste zu gewinnen." Salim ist nicht begeistert davon, dass sein Vorschlag so schnell abgebügelt wurde und Miriam wieder neue Analysen vorschlägt. Andererseits ist die Aussicht, stundenlang Leute anzurufen, die sich vielleicht über den Anruf ärgern, auch nicht gerade verlockend. Also stimmt er zögernd zu: „Okay, ich sehe deinen Punkt. Aber um herauszufinden, warum die Gäste uns gebucht haben, müssten wir sie ja auch fragen, oder?" „Hm", überlegt Miriam, „darüber habe ich mir auch gerade Gedanken gemacht. Vielleicht müssen wir nicht unbedingt alle einzelnen Gründe wissen, vielleicht reicht es ja zu wissen, wer uns bucht. Wenn wir dann eine Idee haben, welche Kundengruppen uns buchen, können wir vielleicht versuchen, neue Gäste aus diesen Kundengruppen zu gewinnen. Wir gehen einfach davon aus, dass die gleichen Kundengruppen die gleichen Gründe für die Wahl einer Ferienwohnung haben."

Der Ansatz von Miriam, die Gäste in Gruppen einzuteilen, sogenannte Segmente, macht durchaus Sinn. Wenn die Gäste nur als gesamte Gruppe betrachtet werden,

https://doi.org/10.1515/9783111418933-003

ohne Unterteilung, ist es bei Buchungsveränderungen sehr aufwendig herauszufinden, woran diese liegen. Kommt es zu einem Buchungsrückgang, können Gegenmaßnahmen nicht gezielt getroffen werden, sondern basieren auf Vermutungen und bergen damit ein hohes Risiko. Wenn im Falle von Buchungsrückgängen beispielsweise beschlossen wird, mehr Marketing zu betreiben, so kann dieses ohne entsprechende Segmentierung nicht zielgenau platziert werden. Die Gefahr ist hierbei, dass der gewünschte Effekt nicht erzielt wird und die investierten Gelder verloren sind. Aber auch im umgekehrten Fall, wenn Buchungen plötzlich stark zunehmen, ist eine Segmentierung sinnvoll, um herauszufinden, worauf dieser Anstieg zurückzuführen ist und wie er noch besser ausgenutzt werden kann. Durch Segmentierung lässt sich deutlich erkennen, welche Gästegruppe mehr oder weniger bucht. Aktionen und Maßnahmen können so auf die entsprechende Zielgruppe ausgerichtet werden und haben damit größere Chancen die gewünschten Effekte zu erzielen als eine „Gießkannen"-Verteilung.

Die Möglichkeiten, nach welchen Kriterien Gästegruppen unterschieden werden können, sind umfangreich:

Tab. 2.1: Ausgewählte Kriterien zur Gästesegmentierung.

Kriterium	Beispiele
Gruppengröße	Ein, zwei, drei oder vier Personen
Mitreisende Kinder	Mit Kindern oder ohne Kinder, Anzahl der Kinder
Haustiere	Mit Haustieren oder ohne
Alter der Reisenden	Jugendliche, Senioren, Familien
Alter der Kinder	Babys, Kleinkinder, Schulkinder, Jugendliche
Anlass der Reise	Urlaub, Wochenendtrip, Auszeit, Familienbesuch
Aufenthaltsdauer	Unter einer Woche, ein bis zwei Wochen
Anzahl der Aufenthalte	Stammgäste, Neukunden, Wiederkehrer
Herkunft der Gäste	Inland, Ausland, Bundesland, Stadt

Die Tabelle ließe sich noch beliebig fortsetzen, sowohl in der Anzahl der Kriterien als auch bei den Beispielen. Von den Persönlichkeitsmerkmalen der Gäste über das Buchungsverhalten bis zu den Entscheidungen bezüglich eines speziellen Aufenthaltes finden sich viele Möglichkeiten, um Gäste zu gruppieren. Die Schwierigkeit hierbei ist, dass die Gruppen sich nicht gegenseitig ausschließen. Wenn mehr kürzere Aufenthalte gebucht werden und gleichzeitig die Anzahl der mitreisenden Kinder zunimmt, könnte das verschiedene Ursachen haben. Vielleicht sind lange Urlaube für viele Familien zu teuer und sie verkürzen diese auf kürzere Aufenthalte. Oder neben den eigenen Kindern werden noch befreundete Kinder mitgenommen, dann aber nur für kürzere Aufenthalte. Oder die Kinder fahren nicht mit den eigenen Eltern, sondern mit den Großeltern in Urlaub, die sich jedoch keine längeren Aufenthalte zutrauen. Neben den unterschiedlichen Interpretationsmöglichkeiten könnte eine Buchung auch in verschiedene Kriterien einsortiert werden, sie wären also nicht ganz trennscharf. Hilfreich kann es hier sein, eine Hierarchie unter den Kriterien festzulegen, also nach welchem Kriterium vorrangig unterschieden wird und welche weiteren Unterscheidungen dann ggf. nachgelagert erfolgen.

Die letztendliche Segmenteinteilung sollte kleinteilig genug sein, dass sie gezielte Entscheidungen zulässt. So ist „Familie mit Kindern" eine relativ große Gruppe. Da das Alter der Kinder nicht definiert ist, lässt sich nicht ableiten, welche Inhalte (online und offline) für diese Zielgruppe relevant sind, wo also Werbung platziert werden könnte. Auch ist nicht erkennbar, ob die Zielgruppe auf Schulferien angewiesen ist oder noch nicht. Gleichzeitig sollte die Segmenteinteilung jedoch auch grob genug sein, um ein gewisses Volumen je Segment zu gewährleisten. So kann das Segment „Familie mit zwei Erwachsenen und zwei Kindern mit ein und drei Jahren, ohne Haustiere" so klein gefasst sein, dass jährlich vielleicht nur zwei oder drei Buchungen in diesem Segment stattfinden. Ein eigener Marketingaufwand für dieses Segment wäre dann vermutlich nicht wirtschaftlich. Neben der Größe der Segmente sollte auch darauf geachtet werden, dass diese mittel- bis langfristig stabil bleiben. Der Vorteil von Segmenten sind die Analysemöglichkeiten, welche auch den Vergleich mit Vorjahren beinhalten. Wenn es im Vorjahr nun andere Segmente gab, so ist dieser Vergleich kaum möglich. Auch sollten die Segmente jährlich buchen. Wenn beispielsweise in der Nähe der Immobilie ein zweiwöchiges Festival stattfindet und ein eigenes Segment geschaffen wird für die Besucher dieses Festivals, so lässt sich der Effekt dieses Festivals einerseits sehr gut beziffern. Gleichzeitig wird das Segment erst dann reaktiviert, wenn dieses Festival wieder stattfindet, dazwischen wird das Segment zur Karteileiche. Im Sinne von sauberen Datensystemen sollten Segmente daher kontinuierlich bedient werden. Und die Effekte des Festivals ließen sich ggf. auch über den Aufenthaltszeitraum bestimmen.

2.2 Definition von Segmenten

Nachdem die drei Freunde sich darauf geeinigt haben, Segmente festzulegen, und auch mögliche Kriterien zur Segmentierung gesammelt haben, überlegen sie nun, nach welchen Kriterien sie zunächst und nach welchen nachgelagert unterscheiden wollen. Letztendlich geht es bei den Segmenten aus Revenue-Sicht darum, das Buchungsverhalten zu analysieren. Sie können auch genutzt werden, um Kundenbedürfnisse zu analysieren und Marketingkanäle zu definieren, aus Sicht der Umsatzoptimierung ist das Buchungsverhalten jedoch ausschlaggebend. Die erste Unterscheidung sollte also jenes Kriterium haben, welches den größten Einfluss auf das Buchungsverhalten hat. Diese Diskussion ist nicht ganz einfach zu führen, da fast alle Unterscheidungskriterien sich auf das Buchungsverhalten auswirken. Allerdings kann ja nach wie vor nach allen Kriterien, welche innerhalb einer Buchung erfasst werden, gefiltert werden, diese gehen also nicht verloren. Katrin, Salim und Miriam einigen sich schließlich darauf, dass sie zunächst danach unterscheiden, ob die Buchung Kinder beinhaltet oder nicht. Die Argumentation ist, dass Reisende mit Kindern einerseits meist länger bleiben, damit

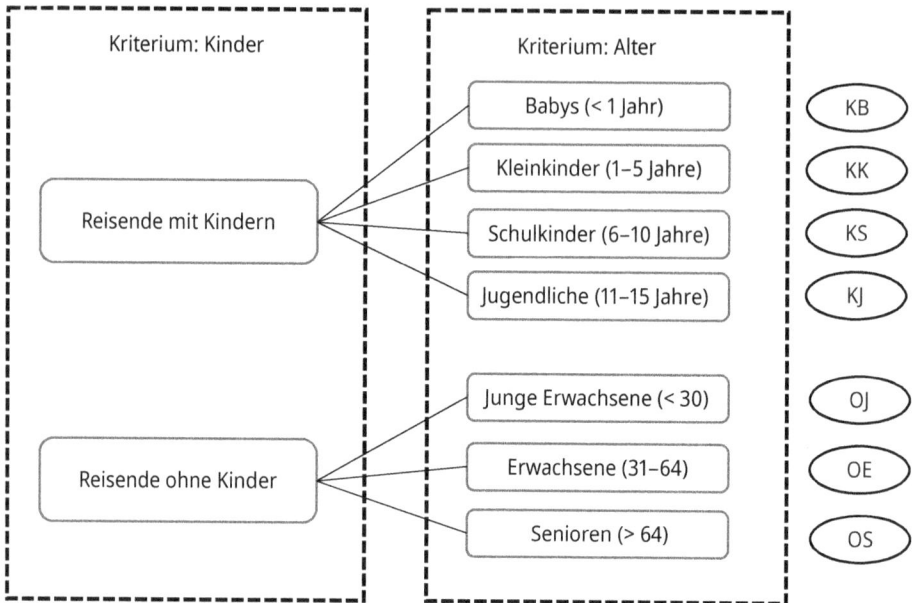

Abb. 2.1: Beispielhafte Segmentierung nach zwei Kriterien.

sich der Aufwand der Reise lohnt und die Kinder auch Zeit zur Gewöhnung haben. Gleichzeitig sind Reisende mit Kindern oft auf Schulferien angewiesen. Dadurch sind sie in den Reisezeiträumen recht festgelegt, können diese Zeiträume jedoch oft weit im Voraus planen. Reisende ohne Kinder sind meist nicht an Schulferien gebunden (außer sie sind es von Berufs wegen) und können daher auch außerhalb von Ferienzeiten buchen und tun dies oftmals auch kurzfristiger, zum Beispiel, um zunächst die Wettervorhersage abzuwarten.

Als zweites Kriterium einigen sich die Freunde auf das Alter: bei den Reisenden mit Kindern auf das Alter der Kinder, bei den Reisenden ohne Kinder auf das Alter der Reisenden. Die Schwierigkeit bei diesem Kriterium ist, dass es im Gegensatz zu mitreisenden Kindern nicht zwangsläufig bei der Buchung mit angegeben wird. Je nach Buchungsweg und Property Management System (PMS) kann es abgefragt bzw. eingetragen werden. Sollte diese Erfassung nicht möglich sein und auch vor der Anreise kein direkter Kontakt mit den Gästen bestehen, sodass nachgefragt werden kann, so bleibt letztendlich nur die Möglichkeit, bei Anreise der Gäste nach dem Alter bzw. Geburtsdatum zu fragen oder es zu schätzen. Mit diesen beiden Kriterien haben die Freunde nun bereits sieben Segmente (vgl. Abbildung 2.1). Beim Alter der Kinder einigen sie sich darauf, jeweils das Alter des ältesten mitreisenden Kindes als ausschlaggebend für das Segment zu nehmen. Ihre Überlegung ist, dass ein wichtiges Argument für dieses Kriterium ja die Gebundenheit an Schulferien ist. Und sobald eines der Kinder im schulpflichtigen Alter ist, greifen die Ferien entsprechend. Bei dem Alter der Erwachsenen ist das schwieriger, daher haben sie hier die Altersspannen recht groß gewählt. Den Freunden geht es hier darum, ob die Erwachsenen noch in Ausbildung bzw. Berufsanfänger sind, diese Gruppe nennen sie „Junge Erwachsene". Diese Gruppe hat gemeinsam, dass sie oftmals preissensibel ist, da sie noch ein geringeres Einkommen hat. Gleichzeitig sind die Reiseanlässe vermutlich oftmals Reisen mit Freunden. Die Erwachsenen und Senioren haben oftmals ein etwas höheres Einkommen und sind daher nicht so preissensibel. Die „Erwachsenen" umfassen die übliche Zeitspanne der regulären Berufstätigkeit. Neben Urlaub finden Reisen hier vorrangig an Wochenenden und Feiertagen statt, die Buchungen erfolgen oft kurzfristig, je nach Eingebundenheit im Beruf. Senioren sind zeitlich oftmals flexibler, buchen oftmals jedoch eher langfristig.

Salim ist nun der Meinung, dass sie hiermit schon viele unterschiedliche Kundengruppen abgedeckt haben und dass sieben Segmente ja auch genug sind. Miriam hat viele Ideen: dass sie zum Beispiel noch nach der Herkunft der Gäste unterscheiden könnten, zumindest ob sie aus den nahe gelegenen Bundesländern kommen und daher bei schönem Wetter auch eher kurzfristig für nur eine oder zwei Nächte kommen würden oder ob sie von weiter her anreisen. Gerade für die Generierung von kurzfristigen Buchungen sei das doch wichtig. Jedoch auch die Unterscheidung nach „Nah" oder „Fern" bei der Anreise müsste ja für jedes der bisherigen Segmente gelten, d. h., die Anzahl der Segmente würde sich verdoppeln. Hier können Katrin und Salim Miriam überstimmen, dass die Übersichtlichkeit für den Anfang wichtiger ist. Sie beschließen, erste Analysen mit diesen Segmenten durchzuführen und die Segmentierung ggf. zu einem späteren Zeitpunkt nochmals anzupassen.

Sie überlegen sich auch Kürzel für jedes Segment, sodass sie in Analysen nicht die jeweiligen Segmente komplett ausschreiben müssen. Damit die Abkürzungen einprägsam sind, nutzen sie „K" für Reisende mit Kindern und „O" für Reisende ohne Kinder. Der zweite Buchstabe entspricht dem ersten Buchstaben des jeweiligen Alterssegments. Da die Freunde die Segmente neu eingeführt haben, sind die vergangenen Buchungen noch nicht in Segmente eingeteilt, sie haben also keine Vergleichswerte. Um diese zu erhalten, müssten sie ein Jahr lang alle Buchungen in die Segmente einteilen, sodass sie dann die Vergleichswerte je Segment des Vorjahres haben. Doch Miriam findet es unverantwortlich, ein Jahr lang weiter ohne diese so spannenden Daten zu leben, also machen sich die Freunde daran, alle Buchungen des vergangenen Jahres nachträglich in die Segmente einzuteilen. Das ist viel Aufwand, und gerade Salim stöhnt nicht selten während der Stunden, die sie dafür benötigen. Als diese Arbeit geschafft ist, haben sie allerdings die Möglichkeit, alle Kennzahlen nach den einzelnen Segmenten auszuwerten. Ein klarer Vorteil, wie selbst Salim zugeben muss. Zunächst wollen die Freunde nun herausfinden, woran es liegt, dass sie im Juni weniger Buchungen haben als im Vorjahr, und was sie dagegen unternehmen könnten. Dafür vergleichen sie die aktuellen Belegungstage nach Segment für Juni mit den entsprechenden Daten des Vorjahres (vgl. Abbildung 2.2).

Im aktuellen Jahr sind bereits sechs Tage von Reisenden mit Kindern gebucht, drei im Segment KB, also mit Babys und drei im Segment KK, also mit Kleinkindern.

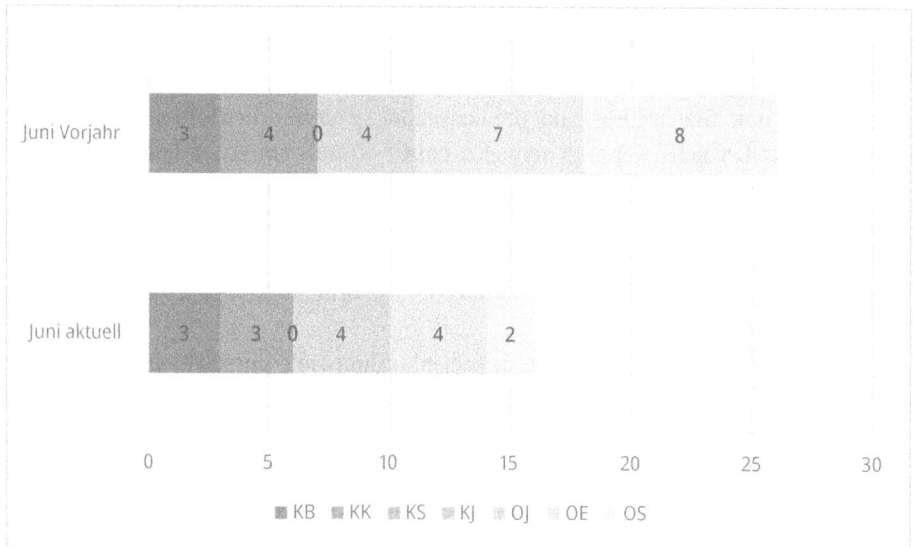

Abb. 2.2: Belegungstage nach Segment im Vergleich zum Vorjahr.

Im Vorjahr waren es sieben Belegungstage, da ein Tag mehr im Segment KK gebucht war. Mit Schulkindern und Jugendlichen gab es in beiden Jahren keine Buchung, bei den Jungen Erwachsenen ohne Kinder (OJ) entsprechen sich beide Jahre mit je vier Belegungstagen auch. Die Unterschiede ergeben sich bei den Erwachsenen (OE), hier fehlen noch drei Belegungstage, um das Ergebnis des Vorjahres zu erreichen. Im Segment OS, also bei den Senioren, fehlen sogar noch sechs Belegungstage. Durch die Analyse nach Segmenten konnten die Freunde nun also feststellen, dass die geringe Buchungslage im Juni auf Reisende ohne Kinder ab etwa 30 Jahren zurückzuführen ist. Um die Gründe für das Ausbleiben der Buchungen noch besser zu verstehen, betrachten sie in einem nächsten Schritt nur die beiden Segmente, bei denen sich die Differenzen ergeben haben, jedoch analysieren sie den Juni tagesgenau. Um beide Jahre vergleichen zu können, schauen sie dabei auf die Wochentage, nicht auf das Datum. So lässt sich deutlicher erkennen, wann Buchungen fehlen. Im aktuellen Jahr fallen die Feiertage alle in den Mai, im Vorjahr war Fronleichnam Anfang Juni, jedoch war die Wohnung zu diesem Zeitpunkt an Reisende aus dem Segment OJ vergeben. Die Feiertagsverschiebung scheint also kein Grund für die ausbleibenden OE- und OS-Buchungen zu sein. Da das Möwennest jeden Tag nur einmal belegt sein kann, fassen die Freunde die Belegungen von OE und OS zusammen.

Durch diese Betrachtungsweise wird deutlich, dass in beiden Jahren das erste und das letzte Juniwochenende von den entsprechenden Segmenten belegt waren. Im Vorjahr waren allerdings die zweite und die vierte Juniwoche auch gut von OE und OS gebucht, im aktuellen Jahr liegen für diese Zeiträume noch keine Buchungen vor (vgl. Abbildung 2.3). Da sie sich diese Entwicklung nicht erklären können, fragen die

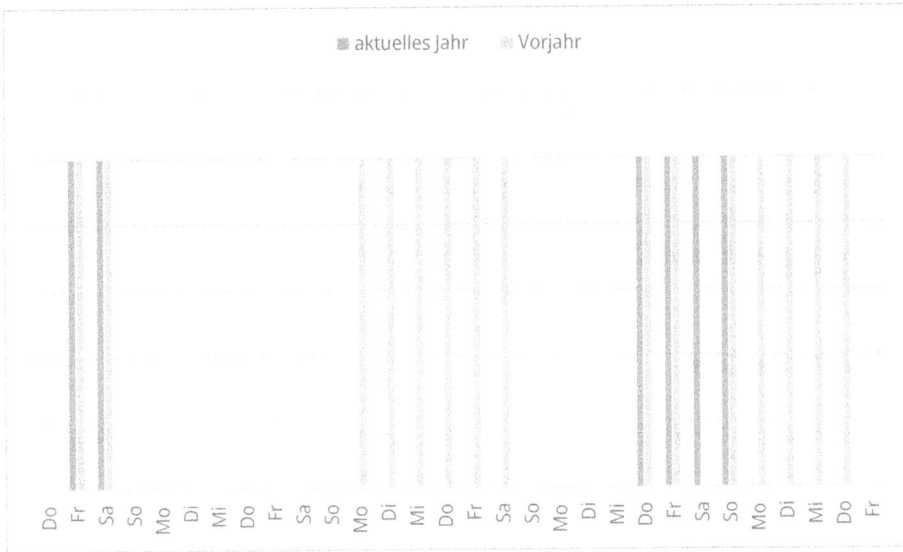

Abb. 2.3: Belegung Segmente OE und OS im Vergleich zum Vorjahr.

Freunde bei nächster Gelegenheit Tante Irene, ob sie eine Idee habe, was zu den Buchungen im Vorjahr geführt haben könnte. Tante Irene überlegt kurz und kommt dann auf die Lösung: Im Vorjahr gab es die Strandkonzerte, bei denen verschiedene Künstler aufgetreten sind. Eine kurze Recherche ergibt, dass diese Konzerte tatsächlich in den Zeitraum gefallen sind, in dem in diesem Jahr die Buchungen fehlen. Da die Konzerte in diesem Jahr nicht stattfinden, ist es zunächst verständlich, dass die Buchungen nicht getätigt wurden. Da die Freunde auf die Veranstaltung jedoch keinen Einfluss haben, können sie diesen Buchungsgrund auch nicht selbst beeinflussen. Beim Vergleich mit dem Juni vor zwei Jahren, als diese Konzerte auch nicht stattgefunden haben, zeigt sich, dass die aktuellen Buchungstage fast exakt jenen von vor zwei Jahren entsprechen. Somit scheint das vergangene Jahr keine gute Vergleichsbasis gewesen zu sein. Um für das aktuelle Jahr dennoch Buchungen zu generieren, haben die Freunde unterschiedliche Möglichkeiten. Die „fehlenden" Segmente OS und OE scheinen – wie das Vorjahr zeigt – grundsätzlich die Bereitschaft und die Möglichkeit zu haben, im Juni zu verreisen, ggf. fehlt hier der Buchungsanreiz. Wenn die Konzerte aus dem Vorjahr im aktuellen Jahr nicht stattfinden, so gibt es vielleicht ähnliche kulturelle Angebote in der Nähe. Auf diese könnte man die Gäste des Vorjahres durch ein Schreiben hinweisen und so ggf. zur erneuten Buchung animieren. In manchen Fällen ist auch eine Verlinkung auf der Veranstaltungsseite möglich, welche auf das Möwennest als mögliche Unterbringung verweist. Sollten keine Veranstaltungen stattfinden, kann auch auf die Natur bzw. das Wetter hingewiesen werden – ggf. genügt eine kleine „Erinnerung" bei ehemaligen Gästen, um diese wieder zur Buchung zu bewegen. Auch ein Sonderpreis könnte einen entsprechenden Buchungsanreiz geben. Neben den Versuchen, Buchungen aus den Segmenten OS und OE zu generieren, wäre es auch denkbar, andere Segmente zu stärken. Beispielsweise die Segmente KB, KK und OJ, welche ebenfalls sowohl im Vorjahr als auch im aktuellen Jahr im Juni gebucht haben. Auch hier können Informationen, gezielte Werbung oder Preisaktionen Aufmerksamkeit und Buchungsanreize schaffen. Lediglich die Ansprache der Segmente KS und KJ sollte vermieden werden – da diese weder im Vorjahr noch im aktuellen Jahr gebucht haben, wäre eine Investition in Marketingmaßnahmen für dieses Segment vermutlich nicht von Erfolg gekrönt.

2.3 Distribution

„Es ist doch zum Verrücktwerden!", stöhnt Katrin. „Wir haben alle Veranstaltungen in der Umgebung rausgesucht, wunderschöne Bilder gemacht und Texte geschrieben, die echt Lust auf einen Urlaub bei uns machen – aber wen erreichen wir damit? Wir können ja nicht ständig unsere ehemaligen Gäste anschreiben, mehr als ein- bis zweimal im Jahr kommen die meisten eh nicht. Und wenn wir alles auf unsere Homepage stellen, ist das auch vergebliche Liebesmüh. Da klicken ja meist eh nur die Leute drauf, die uns schon kennen oder denen wir empfohlen wurden. Wir müssten irgendwie Menschen erreichen, die uns noch nicht kennen." „Das ist doch easy", meint Salim, „wir können doch bei Google auf Wörter wie ‚Ferienwohnung Strand' oder so bieten. Wenn das dann jemand sucht, erscheinen wir ganz oben auf der Trefferliste und die Leute finden uns und buchen uns dann hoffentlich auch." „Naja", schaltet Miriam sich ein, „auf so generische Begriffe wie ‚Ferienwohnung Strand' brauchen wir nicht bieten. Auf solche Begriffe bieten sicher viele Anbieter von Ferienwohnungen, auch umsatzstärkere als wir, da haben wir kaum eine Chance. Und bei so genauen und detaillierten Begriffen, dass wir uns das Bieten leisten könnten, ist die Reichweite wiederum eher gering. Ich glaube, da muss uns etwas anderes einfallen." Katrin überlegt: „Wenn es nicht wirtschaftlich ist, potenzielle Gäste auf unsere Website zu holen, damit sie dort buchen, vielleicht macht es dann Sinn, dass wir zu ihnen kommen. Also dass wir ihnen dort, wo sie sind, die Möglichkeit geben, zu buchen." Salim ist skeptisch: „Du meinst auf so Buchungsplattformen? Aber dann müssen wir die ja auch bezahlen, oder? Das wäre doch nicht wirtschaftlich? Miriam, was meinst du?" Miriam zögert auch etwas: „Diese Plattformen haben schon eine enorme Reichweite, die wir so mit unserer Homepage nicht erreichen würden. Allerdings wären sie dann zwischen uns und unsere Gäste geschaltet und möchten natürlich mitverdienen … Man müsste mal genau durchrechnen, ob sich das lohnt."

Der Vertrieb von Ferienimmobilien über Online Travel Agencies (OTAs) gehört inzwischen zur gängigen Praxis. Gäste haben hier die Auswahl zwischen Tausenden an Unterkünften und können über verschiedene Filtermöglichkeiten das für sie passende Angebot finden – diese Recherche würde im Internet ohne entsprechende Vorkenntnisse sehr lange dauern. Auch sind die OTA-Seiten je Unterkunft einheitlich aufgebaut.

Das bedeutet, dass potenzielle Gäste sich nicht immer auf neuen Websites mit unterschiedlichen Sortierungen und Gestaltungen zurechtfinden müssen, sondern ganz verschiedene Unterkünfte in immer gleicher Aufmachung ansehen und vergleichen können. Für die Besitzer:innen der Unterkünfte haben die OTAs den Vorteil, dass die Informationen zu den Unterkünften in verschiedene Sprachen übersetzt werden und somit für viele unterschiedliche Märkte zugänglich sind. Eine Website in verschiedene Sprachen zu übersetzen ist meist recht aufwendig und teuer, vor allem wenn sich regelmäßig Änderungen ergeben. Der Vertrieb über eine OTA führt also meist nicht nur zu einer größeren Sichtbarkeit, sondern auch zu einer höheren Reichweite, als das über den reinen Direktvertrieb möglich gewesen wäre. Durch das Angebot an sehr vielen und sehr unterschiedlichen Unterkünften ziehen Portale meist viele potenzielle Gäste an, die sich auf diesen Portalen informieren oder auch buchen. Durch diesen hohen Traffic auf den Portalen können Werbeanzeigen hier sehr teuer verkauft werden, wodurch die Portale zusätzliche Einnahmen generieren. Gleichzeitig verdienen sie auch am Vertrieb der Unterkünfte. Die Kostenstruktur von OTAs ist meist relativ überschaubar, da die eigentliche Leistung eine Website ist, ein leicht skalierbares Produkt, das also ohne viel Aufwand für sehr viele Unterkünfte genutzt werden kann. Durch dieses erfolgreiche Businessmodell haben OTAs auch meist höhere Budgets für Werbung. So gibt es teilweise teure Fernsehwerbung für OTAs, für einzelne Unterkünfte ist diese Art der Kommunikation meist unbezahlbar. Von der Bekanntheit der Buchungsplattformen profitieren jedoch dann auch wieder die Unterkünfte, die dort gelistet sind.

All diese Vorteile haben natürlich ihren Preis. Bei den meisten provisionsbasierten Vertragsmodellen ist die erste Listung der Unterkunft kostenfrei. Allerdings haben die Plattformen oft sehr genaue Vorgaben, wie viele Bilder beispielsweise zu liefern sind und was auf diesen Bildern zu sehen sein sollte – so garantieren sie den Besucher:innen umfangreiche Informationen über alle Unterkünfte. Die Texte, mit welchen die Unterkunft beschrieben wird, werden ebenfalls meistvon der OTA geschrieben. Entweder auf Basis von zugelieferten Informationen oder Vorschlägen oder auch basierend auf anderen Informationsquellen wie der eigenen Homepage der Immobilie. Bei einigen Portalen haben Vermietende die Wahl, ob sie nur Anfragen für eine Buchung zulassen oder auch Direktbuchungen. Die meisten Gäste, welche über OTAs eine Ferienunterkunft buchen, bevorzugen Direktbuchungen, was bei vielen Online-Geschäften und Online-Buchungen die gängige Praxis ist. Auf diese Nachfrage haben die OTAs reagiert, indem sie teilweise nur Direktbuchungen zulassen oder jene Unterkünfte, welche nur Anfragen zulassen, weiter nach hinten sortieren. Selbst wenn ein Portal beide Buchungsmöglichkeiten zulässt, hat ein Gast meist die Möglichkeit, nach Unterkünften mit Direktbuchungsmöglichkeit zu filtern. Für die Unterkunft kann es attraktiv klingen, über die Portale nur Anfragen zu erhalten und letztendlich selbst zu entscheiden, welche Buchungen angeboten werden und welche nicht. Allerdings schränken sie ihre Reichweite dadurch selbst massiv ein. Zum einen werden viele potenzielle Buchende keine Anfrage stellen, sondern – sollte nur diese Möglichkeit gegeben sein – eine andere Unterkunft buchen. Dadurch wird die Unterkunft seltener geklickt und gebucht. Die Plattform versucht, die relevantesten Ergebnisse für die Besucher nach oben zu sortieren, dadurch werden selten geklickte Unterkünfte immer weiter nach unten sortiert. Die Sichtbarkeit und Reichweite, welche sich eine Unterkunft durch das Listing auf einem Portal versprechen, leiden darunter sehr. Es scheint wenig sinnvoll, den Aufwand zu betreiben, sich auf einem Portal listen zu lassen, um dann potenzielle Buchungen zu restriktieren. Das Zulassen von Direktbuchungen ist daher in den meisten Fällen empfehlenswert, setzt jedoch eine kontinuierliche Pflege der Verfügbarkeiten voraus, um Doppelbuchungen zu vermeiden.

Bei einigen Portalbetreibern ist es möglich, Jahresinserate bzw. Festpreisangebote zu erwerben. Hier wird ein jährlicher Betrag fällig, um die Immobilie ein Jahr lang auf der Plattform zu listen. Dafür fallen keine Gebühren für einzelne Buchungen an. Bei diesen Modellen haben die Plattformen zwar ein Interesse daran, dass Buchungen generiert werden, damit das entsprechende Inserat im Folgejahr erneut gebucht wird. Allerdings haben die Portalbetreibenden kein wirtschaftliches Interesse daran, möglichst viele Buchungen zu generieren, wie dies beim Provisionsmodell der Fall ist. Beim Provisionsmodell wird eine Gebühr erst fällig, wenn eine Buchung zustande kommt. Der Vermietende zahlt also nur, wenn über das Portal tatsächlich eine Buchung für seine Unterkunft getätigt wurde. In der Höhe und der genauen Ausgestaltung der Gebühren unterscheiden sich die verschiedenen Portale. Bei einigen müssen sämtliche Gebühren vom Vermietenden getragen werden, diese betragen meist zwischen 12 % und 16 % des Wertes der Buchung. Bei anderen Portalen werden die Gebühren zwischen Gastgeber:in und Gast geteilt, sodass Gastgebende etwa 3 % bis 5 % des Buchungswertes bezahlen, die Gäste zwischen 10 % und 15 %. Bei wiederum anderen Portalen können sich Gastgebende auch entscheiden, ob sie die vollen Gebühren tragen möchten oder ein Teil direkt von den Gästen bezahlt werden soll. Wenn die Gäste einen Teil der Gebühren tragen, hat dies den Vorteil, dass diese Gebühren für die Reisenden klar erkennbar sind. Es ist ersichtlich, dass diese Gebühren von der Buchungsplattform und nicht vom Vermietenden erhoben werden. Durch diese Transparenz ist die Wahrscheinlichkeit höher, dass die Gäste nicht die Gastgeber allein für steigende bzw. als zu hoch empfundene Kosten verantwortlich machen, sondern den Anteil der Buchungsportale sehen. Wird die Gebühr rein von den Vermietenden getragen, ist diese Transparenz für die Gäste nicht gegeben. Sie zahlen einen fixen Betrag, von welchem der Gastgebende dann Gebühren an die Buchungsplattform abführen muss. Der Vorteil hierbei ist jedoch, dass die Gastgeber genau festlegen können, welchen Betrag ihre Gäste zahlen sollen, da keine Gebühren mehr aufgeschlagen werden. So können sie die Preise markt- und wettbewerbskonform gestalten und müssen den Endpreis für ihre Gäste nicht erst ausrechnen. Bei den Gebühren, welche von den Vermietenden zu tragen sind, wird teilweise zwischen Servicegebühr und Buchungsgebühr und Zahlungsmittelgebühr unterschieden. Letztendlich wird die Gebühr dadurch aufgeteilt und die einzelnen Prozentsätze werden geringer. An den Kosten ändert das im Endeffekt meist wenig.

Beim Provisionsmodell fallen die Kosten nur für getätigte Buchungen an, was zunächst nach wenig Risiko klingt. Allerdings kann es sein, dass Gäste, welche bisher direkt gebucht haben bzw. direkt gebucht hätten, nun über die Plattform buchen. Somit findet ein Wechsel der Buchungskanäle, ein sogenannter Channel-Shift statt, was zu höheren Kosten führen kann. Bei der Auswahl der Buchungspartner sollte daher nach Möglichkeit darauf geachtet werden, in welchen Märkten die Plattformen aktiv sind. Ideal wären Plattformen, welche im ausländischen Markt, welcher nicht durch direkte Kanäle bedient wird, aktiv sind, nicht jedoch auf dem Heimatmarkt. Diese Kombination ist meist recht selten, daher sollte darauf geachtet werden, aus welchen Ländern bzw. Regionen die Buchenden auf den Portalen anteilig kommen, um Zugang zu möglichst vielen zusätzlichen Märkten zu erhalten. Die Schwierigkeit bei den Märkten ist zudem, dass einige große Konzerne verschiedene Marken, also verschiedene Portale betreiben. Dass diese Portale zu den Konzernen gehören, ist oft nicht auf den ersten Blick ersichtlich. Andere Portale sind über ein „Affiliate Network" wiederum miteinander verbunden. Wie genau die einzelnen Marken und Portale zusammenhängen ist oft nur aufwendig herauszufinden und ändert sich häufig. Daher kann es passieren, dass eine Ferienimmobilie auf einem Portal gelistet wird und plötzlich zusätzlich auf einem weiteren Portal erscheint, da zwischen den Portalen entsprechende Geschäftsbeziehungen bestehen. Vermietende, welche ihre Immobilie auf einzelnen Portalen listen, sollten sich daher darüber im Klaren sein, dass sie kaum noch Kontrolle darüber haben, wo diese Immobilie letztendlich angeboten wird. Auch über die Preise verlieren sie so zunehmend die Kontrolle, da sämtliche Agenturen in der Buchungskette einen Provisionswert aufschlagen. Neben den Portalen gibt es auch Meta-Suchmaschinen (Metasearch Engines), welche die Preise auf verschiedenen Portalen miteinander vergleichen und zusammenfassen und somit auch in die Buchungsströme eingreifen.

Das Listing auf unterschiedlichen Portalen erhöht neben der Sichtbarkeit und der Reichweite also auch die Komplexität und die Kosten. Um den Aufwand zu reduzieren, auf allen Portalen Preise und Verfügbarkeiten in Echtzeit zu pflegen, ist der Einsatz eines Channel Managers oft sinnvoll. Dieses Programm wird den Portalen vorgeschaltet. So gibt es eine zentrale Stelle, an welcher Raten und Verfügbarkeiten gepflegt werden, welche dann direkt an alle angeschlossenen Portale übertragen werden. Neben den klassischen Buchungsportalen gibt es oft auch die Möglichkeit, die Unterkunft bei lokalen Tourismusbüros oder auch Destinationsmanagementorganisationen (DMO) listen zu lassen. Somit können Gäste, welche sich für die Destination interessieren, auch direkt auf die Unterkunft hingewiesen werden. Durch die Beschränkung auf die entsprechende Destination ist die Reichweite meist nicht so groß wie bei den klassischen OTAs, jedoch sind die Kosten oftmals geringer. Die Konditionen unterscheiden sich je nach Destination – teilweise ist eine reine Anzeige bzw. Information möglich, in anderen Fällen kann auch die Verfügbarkeit angezeigt oder können Buchungen getätigt werden. Hier ist wiederum die Anbindung an einen Channel Manager zu beachten, um den Aufwand und die Gefahr für Doppelbuchungen zu reduzieren.

3 Yield Management

3.1 Preisfindung

Nachdem die Freunde sich dafür entschieden haben, die Wohnung auf ausgewählten Portalen anzubieten, müssen dort die entsprechenden Preise eingestellt werden. „Was sollen wir denn dort eintragen?", fragt Salim. „Was weiß ich denn, wie viel die Wohnung am 13. August nächsten Jahres kosten soll." Miriam schaut stirnrunzelnd auf: „Aber das sollten wir wissen! Wenn jemand anruft und das Möwennest buchen möchte, müssen wir das ja auch wissen." „Naja", schaltet sich Katrin ein, „bisher haben wir es so gemacht, dass Stammgäste eigentlich immer den Preis vom Vorjahr bekommen haben. Bei neuen Kunden haben wir auf die Preise der Stammkunden ein bisschen was draufgerechnet." Miriam verdreht die Augen: „Das klingt nicht nach besonders fundiert hergeleiteten Preisen. Woher wissen wir denn, dass die Preise aus dem Vorjahr richtig sind? Vielleicht sind sie ja viel zu niedrig – und dann führen wir das einfach so fort." Jetzt kriegt auch Salim große Augen: „Und wenn wir Fehler aus der Vergangenheit fortführen, würden wir ja nicht mehr Umsatz machen als letztes Jahr und damit die Wette gegen Tante Irene verlieren. Das geht auf gar keinen Fall! Wir sollten alle Preise um, sagen wir, 10 % erhöhen!" Katrin ist davon nicht überzeugt: „Und wenn wir die Preise erhöhen und dann keine Buchungen mehr bekommen? Dann machen wir noch weniger Umsatz als jetzt und verlieren die Wette erst recht. Warum gehen wir denn davon aus, dass die Preise falsch sind? Die haben doch die letzten Jahre auch ganz gut funktioniert." Nun mischt sich Miriam wieder ein: „Die Preise sollten natürlich nicht zu hoch sein, aber auch nicht zu niedrig. Eben genauso hoch, dass wir möglichst viel Umsatz machen, aber nicht zu viele Gäste durch zu hohe Preise vertreiben. Das muss sich doch irgendwie kalkulieren lassen, was der optimale Preis für die Wohnung ist, den wir pro Nacht verlangen müssen!"

Die Kalkulation des optimalen Preises ist in der Theorie, wenn alle Informationen vorliegen, recht eindeutig. In der Praxis, ohne die genaue Zahlungsbereitschaft potenzieller Gäste zu kennen, kann es recht kompliziert werden, den „richtigen" Preis zu ermitteln. Zunächst sollte die Preisuntergrenze festgelegt werden. Das ist jener Preis, der nie unterschritten werden sollte. Die naheliegendste Preisuntergrenze sind die Kosten. Der Preis für die Vermietung der Wohnung sollte also nie geringer sein als die Kosten, welche dem Vermieter entstehen. Hier sollte zwischen fixen und variablen Kosten unterschieden werden. Fixe Kosten fallen immer an, unabhängig davon, ob die Wohnung belegt ist oder nicht. Hierzu zählen beispielsweise die Grundsteuer, Versicherungen, Wartungs- und Garantieverträge und auch Kosten für Kabelfernsehen oder WLAN, sollte dies angeboten werden. Ebenfalls zu den fixen Kosten gehören die Kosten einer Website, auf welcher die Wohnung angeboten wird, und auch die Personalkosten für Mitarbeitende, welche die Services in und an der Wohnung erbringen (Buchungen, Rechnungen, Reinigung, Reparaturen) – diese Mitarbeitenden müssen ja eingestellt und bezahlt werden, noch bevor die ersten Aufträge da sind. Diese Kosten fallen meist

https://doi.org/10.1515/9783111418933-004

monatlich oder jährlich an. Die variablen Kosten sind jene Kosten, die erst durch die Belegung der Wohnung entstehen, also beispielsweise Wasser- und Stromverbrauch, Heizkosten und Reinigungskosten. Reinigungskosten können fix sein, wenn die Reinigungskraft fest angestellt ist und jeden Monat das gleiche Gehalt bekommt, unabhängig davon, wie oft die Wohnung gereinigt werden musste. Wenn keine eigene Reinigungskraft eingestellt wird, sondern ein Vertrag mit einer Reinigungsfirma geschlossen wird, so sind die Kosten variabel, da in diesem Fall nur pro Reinigung ein vereinbarter Betrag gezahlt wird. Auch die Vertriebskosten können fix oder variabel sein, je nachdem ob mit den Portalen ein Festpreis- oder ein Provisionsmodell vereinbart wurde.

Die Freunde betrachten nun die Kosten, welche durch die Wohnung entstehen. Bei den fixen Kosten rechnen sie die Beträge pro Monat aus. Das heißt, die jährlich anfallenden Gebühren teilen sie durch zwölf, um den rechnerischen Betrag je Monat zu erhalten. Bei den variablen Kosten nehmen sie die Rechnungen des Vorjahres und teilen diese durch die gesamten Belegungstage, welche sie in dem Jahr hatten. So können sie die Kosten je Belegungstag kalkulieren. Da diese Kosten Vergangenheitswerte sind und die Preise für die Zukunft kalkuliert werden sollen, rechnen die Freunde mit einer leichten Kostensteigerung für das kommende Jahr, um ein möglichst realistisches Bild zu erhalten.

Tabelle 3.1 fasst beispielhaft einige Kosten zusammen. Welche Kosten noch anfallen und wie hoch diese tatsächlich sind, hängt von vielen individuellen Faktoren ab. Ist die Wohnung beispielsweise noch nicht abbezahlt, müssten auch Kreditkosten mit einkalkuliert werden. Die variablen Kosten sind als Durchschnitt zu betrachten. So fallen ja nicht für jede Buchung OTA-Provisionen an, bei Direktbuchungen wäre dieser Betrag null. Der Betrag in der Tabelle ergibt sich aus allen gezahlten OTA-Provisionen geteilt durch alle Belegungstage. Jene Belegungstage, welche über direkte Buchungen zustande kommen, reduzieren den Durchschnittswert hier etwas. Die Reinigung fällt üblicherweise nur einmalig je Buchung an. Da die variablen Kosten hier jedoch je Belegungstag kalkuliert wurden, ist der Reinigungsbetrag geringer als die tatsächlichen Kosten einer Reinigung, da je Belegungstag ja nur ein Anteil anfällt.

Tab. 3.1: Beispielhafte Kostenaufstellung nach fixen und variablen Kosten.

	Fixe Kosten je Monat	Variable Kosten je Belegungstag
Versicherungen	120,00 €	
Marketinggebühren (Listings)	50,00 €	
OTA-Provisionen		19,50 €
Reinigung		16,23 €
Kabelanschluss + Wifi	53,00 €	
Strom, Wasser, Heizung		5,87 €
Verbrauchsmaterialien (Salz, Kaffee etc.)		8,94 €
Website	17,00 €	
Gesamt	**240,00 €**	**50,54 €**

Die 50,54 € an variablen Kosten sind jener Wert, unter den der Preis auf keinen Fall sinken darf, da sonst Verlust gemacht wird – es würden dann Kosten entstehen, die nicht gedeckt sind. Alles, was über diesen Betrag hinaus eingenommen wird, steht als Deckungsbeitrag zur Verfügung. Das ist jener Betrag, durch den die fixen Kosten gedeckt werden. In Ausnahmefällen, etwa wenn eine Wohnung neu in den Markt eingeführt wird oder bei sehr aggressiven Preiskämpfen in Markt, kann der Deckungsbeitrag kurzfristig auf null sinken, d. h., die Wohnung könnte für einzelne Tage für 50,54 € pro Tag vermietet werden. Die Gefahr hierbei ist allerdings, dass am Ende nicht ausreichend Umsatz gemacht wurde, um die fixen Kosten zu decken. Daher sollte der Preis immer auch den Deckungsbeitrag beinhalten. Dafür ist es nötig, die fixen Kosten auch auf einzelne Belegungstage umzulegen. Eine Möglichkeit wäre, die monatlichen Gebühren durch 30 bzw. 31 zu teilen und so die Kosten pro Tag zu erhalten. Die Problematik bei dieser Berechnungsmethode ist, dass die Wohnung nicht an allen Tagen vermietet ist. Für die Tage, an denen die Wohnung leer steht, würden die Fixkosten also nicht gedeckt. Daher sollten die fixen Kosten auch auf die Belegungstage umgelegt werden. Diese schwanken je Monat, die Fixkosten sind jedoch monatlich gleich. Die Freunde beschließen daher, die fixen Kosten durch die durchschnittlichen Belegungstage im Monat zu dividieren. In Monaten mit überdurchschnittlicher Belegung würde somit mehr Deckungsbeitrag erwirtschaftet, in Monaten mit unterdurchschnittlicher Belegung etwas weniger – auf das gesamte Jahr betrachtet würden sich die Über- und die Unterdeckung jedoch wieder ausgleichen. Salim, Miriam und Katrin haben ausgerechnet, dass die Wohnung im Schnitt an 19 Tagen pro Monat belegt ist. Der benötigte Deckungsbeitrag je Belegungstag beträgt demnach 12,63 € (240 € monatliche Kosten / 19 Tage durchschnittliche monatliche Belegung). Um variable und fixe Kosten zu decken, sollte die Wohnung also nie günstiger als 63,17 € pro Nacht vermietet werden. Bei diesem Preis sind die Kosten gedeckt, es wird kein Verlust gemacht, man spricht auch vom Break-Even-Point. Allerdings wird auch kein Gewinn gemacht. Da die drei Freunde aktuell kein Gehalt für die Vermietung der Wohnung beziehen, spiegelt sich dieses auch nicht in den Kosten wider. Das bedeutet, wenn die Wohnung an allen Belegungstagen zu etwa 63,00 € vermietet wird, so erhalten die Freunde keinen Lohn für ihre Tätigkeit und es wäre kein Geld übrig für Investitionen oder den Austausch kaputter Geräte. Idealerweise sollte die Wohnung also etwas teurer vermietet werden. Daher spricht man bei dem Betrag von 63,17 € auch von der Preisuntergrenze. Unterhalb dieses Preises sollte die Wohnung nicht vermietet werden, darüber natürlich sehr gerne.

Neben den tatsächlich anfallenden Kosten können zur Kalkulation der Preisuntergrenze auch die kalkulatorischen Kosten herangezogen werden. Also jene Kosten, die nicht tatsächlich entstehen, aber in Kalkulationen Beachtung finden sollten. Beispielsweise könnte man die alternative Verwendung der Wohnung kalkulieren: wenn sie also nicht als Ferienwohnung vermietet würde, sondern als reguläre Wohnung. Das Möwennest könnte vermutlich zu etwa 1.400 € Kaltmiete pro Monat vermietet werden. Viele von den Nebenkosten hätten dann die Mieter zu tragen, die Besitzer müssten etwa 150,00 € pro Monat an nicht umlagefähigen Nebenkosten tragen. Die Wohnung würde pro Monat also einen Gewinn von 1.250 € abwerfen. Wenn dieser Gewinn durch die Vermietung als Ferienwohnung erzielt werden soll, so müssten zunächst die monatlichen fixen Kosten auf diesen Gewinn aufgeschlagen werden, also 1.250 € zzgl. 240,00 € ergibt 1.490 €, welche die Wohnung pro Monat abwerfen sollte, um die fixen Kosten zu decken und den gewünschten Gewinn zu machen. Geteilt durch die 19 durchschnittlichen Belegungstage wäre das ein Basispreis von 78,42 € für die Vermietung. Auf diesen Basispreis müssten nun noch die variablen Kosten in Höhe von 50,54 € aufgeschlagen werden. Nach dieser Kalkulation sollte die Wohnung nicht unter 128,96 € vermietet werden, um alle Kosten zu decken und mindestens den Gewinn zu erzielen, der bei einer Vermietung der Wohnung vermutlich erzielt werden würde. Wichtig ist hier, möglichst realistische Mietpreise als Kalkulationsbasis zu verwenden und zu berücksichtigen, wie schwierig es sein könnte, eine:n dauerhafte:n Mieter:in zu finden. Gerade in Ferienorten, welche in der Saison oft voller Touristen sind und außerhalb der Saison kaum geöffnete Geschäfte haben, kann sich eine durchgehende Vermietung als schwierig erweisen.

Wenn überlegt wird, eine Ferienimmobilie neu zu erwerben, so können die Einnahmen auch als Zinsen auf das investierte Kapital eingesetzt werden. Kostet eine Ferienimmobilie beispielsweise 300.000 € und gehen die Investoren davon aus, dass sie bei Anlage dieses Betrages am Kapitalmarkt eine Verzinsung von etwa 3,5 % p.a. erzielen könnten, so sollten die Erlöse durch die Vermietung der Ferienimmobilie mindestens diesen Betrag erzielen.

Tab. 3.2: Kalkulation Mindestpreis über Verzinsung des Immobilienkapitals.

Kaufpreis der Immobilie	300.000,00 €
Angenommener Zinssatz Kapitalmarkt p.a.	3,5 %
Kalkulatorische Zinsen pro Jahr (3,5 % von 300.000 €)	**10.500,00 €**
Benötigter Gewinn / Monat (10.500 € / 12 Monate)	875,00 €
Fixe Kosten pro Monat (aus Tabelle 3.1)	240,00 €
Benötigter Umsatz für Gewinn + Fixkosten pro Monat	**1.115,00 €**
Basispreis bei durchschnittlicher Belegung (1.115,00 € / 19 Tage)	58,68 €
Variable Kosten je Belegungstag (aus Tabelle 3.1)	50,54 €
Kalkulatorischer Mindestpreis	**109,22 €**

In Tabelle 3.2 wurde diese Berechnung beispielhaft durchgeführt. Demnach müsste die Wohnung zu etwa 109,00 € vermietet werden, damit das Kapital, welches zum Kauf der Wohnung investiert wurde, eine ähnliche Verzinsung einbringt, wie sie auf dem Kapitalmarkt erwartet worden wäre. Die oben dargestellte Kalkulation kann hierbei jedoch nur als grober Richtwert dienen. Bei tatsächlichen Investitions- und Finanzierungskalkulationen müssten auch Zinseszinseffekte und Kaufnebenkosten u. v. a. m. Berücksichtigung finden, was den Rahmen dieses Buches jedoch sprengen würde.

Nach all diesen Berechnungen raucht Salim der Kopf. Er ist froh, dass sie nun einen Preis kalkuliert haben, mit dem hoffentlich auch Miriam zufrieden ist. Doch zunächst ist es Katrin, die noch nicht überzeugt ist: „Es ist ja schön und gut, dass wir jetzt einen Preis kalkuliert haben, den wir gerne hätten. Aber wer sagt uns denn, dass es Menschen gibt, die diesen Preis auch bezahlen? In der ersten Berechnung haben wir den Preis von unseren Kosten abgeleitet. Vielleicht sind unsere Kosten ja zu hoch und wir müssten Preise nehmen, die am Markt gar nicht durchsetzbar sind? Bei den anderen beiden Berechnungen haben wir kalkuliert, wie viel wir gerne verdienen möchten – aber vielleicht sind wir hier auch zu gierig oder die Annahmen bezüglich dauerhafter Vermietung und Zinsniveau sind einfach zu hoch?" Salim sieht erneut Berechnungen auf sich zukommen und lässt den Kopf entmutigt auf die Tischplatte sinken. Miriam jedoch steigt begeistert in die Diskussion ein: „Das ist natürlich ein guter Punkt. Wir müssen wissen, ob unsere Preise auch marktgerecht sind, also ausreichend Zahlungsbereitschaft vorhanden ist. Mein Bedenken wäre aber eher, dass wir ggf. zu günstig sind. Wir haben ja nur die Preisuntergrenze kalkuliert, unter die der Preis nicht fallen sollte. Im Idealfall sollte er ja darüber liegen. Woher wissen wir, wie viel über der Preisuntergrenze wir ihn ansetzen können oder sollten? Wir müssten einfach den Markt noch besser kennen." Bei diesem Stichwort hebt Salim den Kopf: „Also, Rechnen ist zwar nicht so meine Stärke, aber in BWL habe ich immerhin aufgepasst. Der Markt besteht ja aus Angebot und Nachfrage, die sich gegenseitig beeinflussen. Die Nachfrage kennen wir nicht wirklich, bzw. nur die Nachfrage nach unserer eigenen Wohnung, wobei wir diese Nachfrage durch unser Angebot ja beeinflusst haben. Was aber direkt vor unserer Nase liegt, ist das übrige Angebot auf dem Markt. Wir können ja gucken, zu welchen Preisen vergleichbare Wohnungen hier in der Umgebung sonst noch so angeboten werden. Damit können wir dann ableiten, wie hoch die Zahlungsbereitschaft der Nachfrage ist." „Wow, Salim, das ist eine tolle Idee, so machen wir es!", stimmt Katrin begeistert zu.

Die drei Freunde durchforsten also das Internet nach mit dem Möwennest vergleichbaren Wohnungen. Allerdings gestaltet sich das schwieriger als gedacht. Kaum eine Wohnung ist wirklich vergleichbar in Lage, Größe und Ausstattung. Letztendlich stellen sie eine Liste aus acht Wohnungen zusammen, die halbwegs mit dem Möwennest vergleichbar sind. Auch der Vergleich von Preisen gestaltet sich schwierig, da nur Preise von verfügbaren Wohnungen im Internet angezeigt werden. Die Freunde recherchieren daher nach allen Preisen für Samstage außerhalb der Sommerferien. Die Sommerferien sind bereits stark gebucht; wenn hier eine Wohnung sehr viel mehr oder weniger Verfügbarkeit hätte als der Rest, würde das die Preise verfälschen. Wenn möglich, suchen Salim, Katrin und Miriam die Preise über die Homepage der Wohnung direkt. Sollte das nicht möglich sein, nutzen sie ein Buchungsportal, dessen Gebühren sie kennen, und ziehen die Gebühren ab, um vergleichbare Preise zu erhalten (vgl. Tabelle 3.3).

Tabelle 3.3 zeigt, dass kaum eine Wohnung direkt mit dem Möwennest vergleichbar ist. Wohnung Nr. 5 hat die gleiche Größe und Zimmeranzahl, liegt jedoch im Ort

Tab. 3.3: Übersicht vergleichbare Wohnungen.

Objekt	Eigene	1	2	3	4	5	6	7	8
Zimmer	3	3	2	3	4	3	2	2	3
Größe	60 qm	73 qm	50 qm	63 qm	80 qm	60 qm	57 qm	45 qm	59 qm
Lage	Düne	Strand	Strand	Ort	Düne	Ort	Düne	Strand	Ort
Balkon	Ja	Nein	Ja	Ja	Ja	Nein	Nein	Ja	Ja
Kamin	Nein	Nein	Nein	Ja	Nein	Ja	Nein	Nein	Nein
Preis	??	220 €	190 €	175 €	225 €	180 €	185 €	180 €	160 €

Tab. 3.4: Preis je qm der vergleichbaren Wohnungen.

Objekt	Eigene	1	2	3	4	5	6	7	8
Größe	60 qm	73 qm	50 qm	63 qm	80 qm	60 qm	57 qm	45 qm	59 qm
Preis		220 €	190 €	175 €	225 €	180 €	185 €	180 €	160 €
Preis/qm		3,01 €	3,80 €	2,78 €	2,81 €	3,00 €	3,25 €	4,00 €	2,71 €

und hat keinen Balkon. Die Wohnungen Nr. 4 und Nr. 6 liegen zwar auch an der Düne, passen allerdings von der Größe her nicht. Die Freunde grübeln daher, wie sie die Wohnungsangebote vergleichbar machen können. Zunächst beschließen sie, den Preis je Quadratmeter zu berechnen, sodass sie die Wohnungen unterschiedlicher Größe vergleichbar machen können (vgl. Tabelle 3.4).

Bei dieser Kalkulation wird deutlich, dass Wohnung Nr. 7 mit 4,00 € je Quadratmeter die teuerste der Vergleichswohnungen ist, Wohnung Nr. 8 wird mit 2,71 € je Quadratmeter am günstigsten angeboten. Diese Bandbreite der Preise je Quadratmeter gibt zwar einen guten ersten Überblick, in welchem Korridor sich die Preise für das Möwennest bewegen könnten, allerdings sind die Wohnungen durch die verschiedenen Ausstattungsmerkmale ja nicht wirklich vergleichbar. Es kann so nicht festgestellt werden, welches Merkmal den Preis wie stark beeinflusst. Das könnten die Freunde nun schätzen, indem sie festlegen, wie wichtig sie welches Kriterium empfinden, und das dann bewerten. Das wäre allerdings eine Entscheidung, die relativ stark auf dem Bauchgefühl basiert und somit eine hohe Fehleranfälligkeit besitzt. Sie beschließen daher, die Vergleichswohnungen nach den drei Lagemerkmalen Düne, Ort und direkte Strandlage zu gruppieren, um möglichst weitere Erkenntnisse zu gewinnen (vgl. Tabelle 3.5).

Zunächst lässt sich der Mittelwert des Quadratmeterpreises je Lage bestimmen, um herauszufinden, ob sich die Preise je nach Lage unterscheiden. Da es jeweils nur wenige Werte je Lage gibt und keine großen Ausreißer, sollte hier das arithmetische Mittel statt des Medians zur Berechnung verwendet werden. In der direkten Strandlage wird der höchste Preis je qm verlangt, im Durchschnitt 3,60 €. Bei den Wohnungen in Dünenlage werden im Schnitt 3,03 € aufgerufen, im Ortskern 2,83 €. Ausgehend von den günstigsten Preisen im Ortskern ließe sich somit ableiten, dass eine Lage an der Düne den Preis pro Quadratmeter im Schnitt um 0,20 € (Differenz 3,03 €/qm und 2,83 €/qm)

Tab. 3.5: Übersicht der Ausstattungen nach Lage.

Lage	Strand			Düne		Ort		
Objekt	1	2	7	4	6	3	5	8
Größe	73 qm	50 qm	45 qm	80 qm	57 qm	63 qm	60 qm	59 qm
Zimmer	3	2	2	4	2	3	3	3
Preis/qm	3,01 €	3,80 €	4,00 €	2,81 €	3,25 €	2,78 €	3,00 €	2,71 €
Balkon	Nein	Ja	Ja	Ja	Nein	Ja	Nein	Ja
Kamin	Nein	Nein	Nein	Nein	Nein	Ja	Ja	Nein
Durchschnitt	*3,60 €/qm*			*3,03 €/qm*		*2,83 €/qm*		

hebt, eine Lage am Strand um etwa 0,80 € (Differenz 3,60 €/qm und 2,83 €/qm). Bei der Quadratmeteranzahl bzw. der Anzahl der Zimmer fällt auf, dass die kleineren Wohnungen die höheren Quadratmeterpreise verlangen. Bei der Strandlage hat Wohnung Nr. 7 mit nur 45 qm den höchsten Quadratmeterpreis. Auch bei den Wohnungen in Dünenlage hat Wohnung Nr. 4 als größte Wohnung den geringeren Quadratmeterpreis. Lediglich bei den Wohnungen im Ort scheint diese Regel nicht zu gelten, hier haben die Wohnungen fast identische Größen und dennoch unterschiedliche Quadratmeterpreise. Da es in Dünenlage nur zwei Wohnungen gibt und diese durch die unterschiedliche Größe und Zimmeranzahl nur schlecht vergleichbar sind, lassen sich aus dieser Lage wenig Rückschlüsse auf die Wertigkeit der übrigen Ausstattungsmerkmale ziehen.

Für die Bewertung eines Balkons lassen sich die Wohnungen in Strandlage gut vergleichen. Die beiden Wohnungen mit Balkon (Wohnung 2 und 7) kosten im Schnitt 0,90 € mehr pro Quadratmeter als Wohnung 1 ohne Balkon. Hier kann jedoch die Größe der Wohnung ohne Balkon das Ergebnis etwas verfälscht haben. Im Ortskern scheint der Balkon kein ausschlaggebendes Kriterium zu sein, hier hat die Wohnung ohne Balkon den höchsten Quadratmeterpreis. Bezogen auf die Ausstattung mit einem Kamin lassen sich nur die Wohnungen im Ortskern vergleichen, da in Strand- und Dünenlage keine Wohnung mit Kamin im Vergleichsset ist. Im Ort kosten die Wohnungen mit Kamin im Schnitt 0,18 € mehr als die Wohnung ohne Kamin.

Basierend auf dieser Analyse könnte man nun folgendes Schema für die Preisberechnung in der Nachbarschaft von Tante Irenes Wohnung ableiten:

Tab. 3.6: Kalkulationsschema Quadratmeterpreis.

Basispreis (günstigster Preis im Angebot)	2,71 €/qm
Lage Düne	+ 0,20 €/qm
Lage Strand	+ 0,80 €/qm
Balkon (oder Terrasse)	+ 0,90 €/qm
Kamin	+ 0,18 €/qm

Tabelle 3.6 zeigt exemplarisch, wie die Berechnung des Quadratmeterpreises anhand der Analyse der Merkmale und Preise der Vergleichswohnungen aussehen könnte. Zu beachten ist, dass bei sehr großen Wohnungen ggf. ein geringerer Preis angesetzt werden muss, da die Multiplikation des kalkulierten Quadratmeterpreises mit einer hohen Quadratmeteranzahl sonst ggf. zu exorbitanten Preisen führen würde. Dieser Fall spielt für das Möwennest keine Rolle, hier können die Freunde das Schema regulär nutzen:

Tab. 3.7: Kalkulation des Wohnungspreises anhand von Ausstattungsmerkmalen.

Basispreis	**2,71 €/ qm**	
Lage Düne	+ 0,20 €/qm	2,91 €/qm
Balkon	+ 0,90 €/qm	3,81 €/qm
Größe	60 qm	
Gesamtpreis	60 qm × 3,81 €/qm	**228,60 €**

Die Auswertung des Marktumfeldes hat ergeben, dass die Nachfrage vor Ort einen Preis für die Wohnung von Tante Irene mit den entsprechenden Ausstattungsmerkmalen von etwa 228,60 € pro Nacht zulassen würde. Die Analyse der Merkmale könnte noch um einiges erweitert werden, etwa um detaillierte Ausstattungen wie Badewanne oder Küchengeräte oder auch wie alt die Ausstattung in der Wohnung schon ist. Unabhängig davon, wie detailliert die Auswertung erfolgt, kann sie doch immer nur ein Anhaltspunkt sein.

3.2 Preisdifferenzierung

Nachdem Salim, Katrin und Miriam nun die Preisuntergrenze und auch den möglichen Preis laut Nachfrage kalkuliert haben, setzt sich Salim wieder an die Eingabemaske der OTAs, um die Preise einzutragen. Katrin schaut zu ihm herüber: „Trägst du da gerade an allen Tagen den gleichen Preis ein?", fragt sie. „Ja, natürlich, den Preis, den wir ausgerechnet haben", erwidert Salim. „Da könnt ihr jetzt ja wirklich nichts dagegen haben, den haben wir ja ganz sauber kalkuliert. Damit entsprechen wir der Nachfrage, und unsere Kosten sind auch gedeckt." „Aber würde es nicht Sinn machen, verschiedene Preise anzubieten? Üblicherweise sind Ferienwohnungen doch in der Hauptsaison etwas teurer und in der Nebensaison etwas günstiger. Sollten wir nicht auch so unterscheiden?", hakt Katrin noch mal nach. Nun mischt sich auch Miriam ein: „Ja, ich glaube, es ist sinnvoll, die Preise zu differenzieren. In den Ferien gibt es viele Leute, die Ferienwohnungen suchen, da können wir vermutlich auch einen höheren Preis verlangen. In der Nebensaison ist es sehr ruhig, vielleicht können wir durch einen niedrigeren Preis Gäste dazu bewegen, zu uns zu kommen." Das leuchtet auch Salim ein: „Au ja. Ich hatte schon ein paarmal Buchungsanfragen für Zeiträume, zu denen wir ausgebucht waren. Bisher wollten die

Gäste dann immer kein anderes Datum buchen, aber wenn ich ihnen vielleicht das Alternativdatum zu einem besonders attraktiven Preis anbiete – dann können sie ja quasi nicht Nein sagen." Er grinst zufrieden. Katrin lächelt: „Ganz so einfach wird es nicht sein. Es gibt schließlich die Segmente KS und KJ. Die werden nur in den Ferien kommen, egal wie günstig es außerhalb der Ferien ist. Aber bei den anderen Segmenten könnten wir hier vielleicht tatsächlich etwas bewegen ... Wir sollten es mal ausprobieren."

Die Differenzierung des Preises macht aus verschiedenen Gründen Sinn. Eine Funktion der Preisdifferenzierung haben Miriam und Salim angesprochen: Es kann versucht werden, über den Preis die Nachfrage zu steuern. Diese Technik wird als Yield Management bezeichnet, was meist mit Ertragsmanagement übersetzt wird. Dabei wird versucht, die Nachfrage durch gezielte Preismaßnahmen so zu steuern, dass eine möglichst gleichmäßige Auslastung erzielt wird.

Abbildung 3.1 zeigt die Verteilung der Nachfrage in einer regulären Woche. Am Montag, Donnerstag und Sonntag erhalten die Freunde Nachfrage für eine Belegung der Wohnung, diese Nachfrage können sie bedienen. Am Freitag erhalten sie jedoch noch eine weitere Belegungsanfrage, am Samstag sogar zwei. Da sie die Wohnung jeweils nur einmal vergeben können, kann diese Nachfrage nicht bedient werden. Gleichzeitig steht die Wohnung am Dienstag und Mittwoch leer, da sie hier keine Nachfrage erhalten haben. Die Kapazitäten sind fix, d. h., sie können in Zeiten hoher Nachfrage nicht kurzfristig eine zweite oder dritte Wohnung bauen. In der Produktion von Gütern ist die Anpassung der Produktion an die Nachfrage teilweise kurzfristig möglich, bei der Vermietung von Ferienimmobilien geht das leider nicht. Gleichzeitig

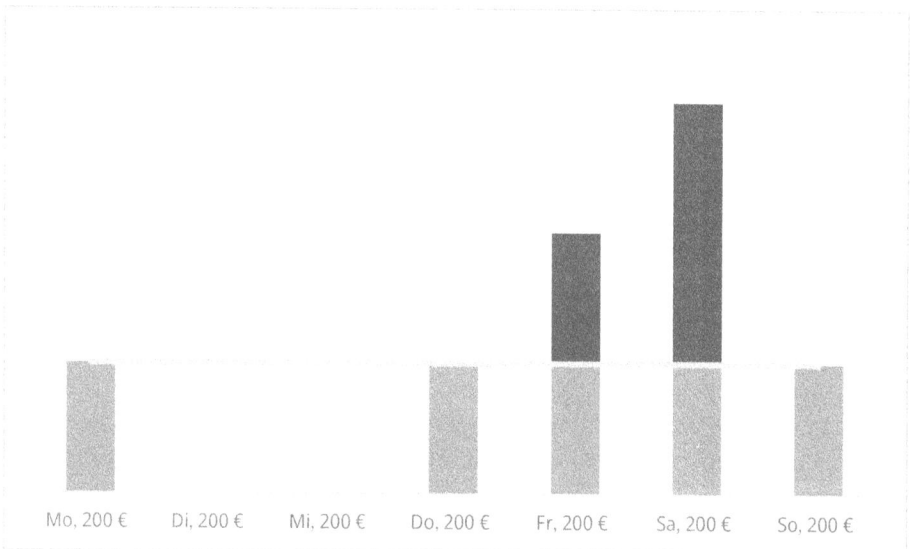

Abb. 3.1: Nachfrage bei Einheitspreis.

können die „Produkte", in diesem Fall die Übernachtungsmöglichkeiten, nicht gelagert werden, sie sind „verderblich". Da die Wohnung in der Nacht vom Dienstag leer stand, ist die Übernachtungsmöglichkeit für diese spezielle Nacht „verdorben", man kann sie nicht lagern und am Freitag dann zusätzlich verkaufen. Ein Leerstand kann also im Nachhinein nicht wieder ausgeglichen werden und sollte daher möglichst vermieden werden. Ein weiterer Grund, warum Leerstand vermieden werden sollte, liegt in der Kostenstruktur, die bereits betrachtet wurde. Jede einzelne Belegung erzeugt nur relativ geringe Kosten, die Grenzkosten für eine Belegung am Dienstag oder Mittwoch sind also vergleichsweise gering. Allerdings sind die Fixkosten eher hoch, vor allem wenn eine Immobilie zunächst erworben, finanziert und ausgestattet werden muss. Jede einzelne Belegung hilft, diese Fixkosten zu decken. Jeder Leerstand erhöht den Anteil der Fixkosten, den die übrigen Belegungstage decken müssen. Wie in Abbildung 3.1 zu sehen, schwankt die Nachfrage über die Zeit, sie ist also nicht jeden Tag gleichmäßig. Gleichzeitig ist die Nachfrage oft frühzeitig erkennbar, da die Möglichkeit der Vorausbuchung gegeben ist. Gäste können also frühzeitig ihren Aufenthalt buchen und somit ihre Nachfrage zeigen. Damit tritt die Nachfrage auch zeitlich verteilt ein – es kann sein, dass eine Buchungsanfrage für Juni im September des Vorjahres gestellt wird, eine weitere im März und eine dritte kurzfristig im Mai. Ähnlich wie die Nachfrage sind auch die Gäste unterschiedlich. Es gibt die Möglichkeit, die Zielgruppen bzw. den Markt in unterschiedliche Segmente zu unterteilen, die oftmals eine unterschiedliche Zahlungsbereitschaft haben. All diese Eigenschaften sind Voraussetzungen, um Yield Management betreiben zu können. Eine Ferienimmobilie erfüllt die Eigenschaften, ebenso wie Fluggesellschaften und Hotels, die klassischen Anwendungsgebiete von Yield Management.

Tab. 3.8: Voraussetzungen für Yield Management.

Weitgehend fixe Kapazitäten
Nichtlagerfähigkeit von Produkten
Hohe Fixkosten für Kapazitätsbereitstellung, geringe Grenzkosten für Leistungserstellung
Variable Nachfrage
Möglichkeit der Vorausbuchung
Möglichkeit der Marktsegmentierung mit unterschiedlicher Zahlungsbereitschaft

Durch Yield Management soll nun versucht werden, die Nachfrage zu steuern. Im Beispiel aus Abbildung 3.1 könnte beispielsweise versucht werden, den Preis an Tagen mit hoher Nachfrage zu erhöhen. Gegebenenfalls würden manche Nachfrager dann aufgrund des höheren Preises kein Interesse mehr an einem Aufenthalt in diesem Zeitraum haben. Gleichzeitig könnte an Tagen ohne Nachfrage der Preis gesenkt werden. Im Idealfall könnten so Zielgruppen mit geringer Zahlungsbereitschaft überzeugt werden, an einem anderen Tag zu übernachten. Bildlich gesprochen wird also versucht, die „Berge" und „Täler" der Nachfrage etwas auszugleichen, um so eine möglichst gleichmäßige Nachfrageverteilung zu erzielen. Allerdings ist Katrins Punkt aus der Diskussion der drei Freunde auch valide: Nicht jede Nachfrage lässt sich durch Preisdifferenzierungen steuern. Wenn Gäste nur am Wochenende Zeit haben, um zu verreisen, wird kaum eine Preisdifferenz sie dazu bewegen, statt am Freitag oder Samstag am Dienstag oder Mittwoch zu übernachten. Wenn Gäste in den Tagen jedoch flexibel sind und diese unterschiedlich bepreist, so werden sie wohl eher am günstigen Dienstag oder Mittwoch und nicht am teuren Freitag oder Samstag übernachten.

Diese Überlegungen zeigen, dass die Nachfrage sich durch den Preis verändert. Tendenziell ist die Nachfrage geringer, je höher der Preis ist. Nur wenige Leute werden bereit sein, für eine Nacht in einer Ferienwohnung mehrere Hundert Euro zu bezahlen. Wenn der Preis jedoch sinkt und dann nur noch 80 € oder 100 € beträgt, werden vermutlich mehr potenzielle Gäste bereit sein, diesen Preis für eine Übernachtung zu bezahlen. Dieser Zusammenhang zwischen Preis und Nachfrage wird auch als Preis-Absatz-Funktion bezeichnet und ist in Abbildung 3.2 dargestellt.

Die Kurve in Abbildung 3.2 ist beispielhaft gewählt. Die genaue Funktion des Kurvenverlaufs zu kennen ist fast nicht möglich, schließlich müsste dann für jeden Preispunkt die exakte Nachfrage bekannt sein. Unabhängig vom genauen Verlauf der Kurve ist die Richtung jedoch fast immer identisch: bei hohem Preis geringe Nachfrage, bei niedrigem Preis hohe Nachfrage. So lässt sich mithilfe der Kurve zu jedem Preispunkt die entsprechende Nachfrage bzw. die erwartete Absatzmenge erkennen. In Abbildung 3.2 ist dies durch die gestrichelten Linien dargestellt. Wird von der Kurve der jeweilige Schnittpunkt der x- und der y-Achse bestimmt, so lässt sich durch diese Achsenschnittpunkte ablesen, welche Absatzmenge bzw. Nachfrage bei einem festgelegten Preis zu erwarten ist. Das Rechteck, welches in der Abbildung aus dem Koordi-

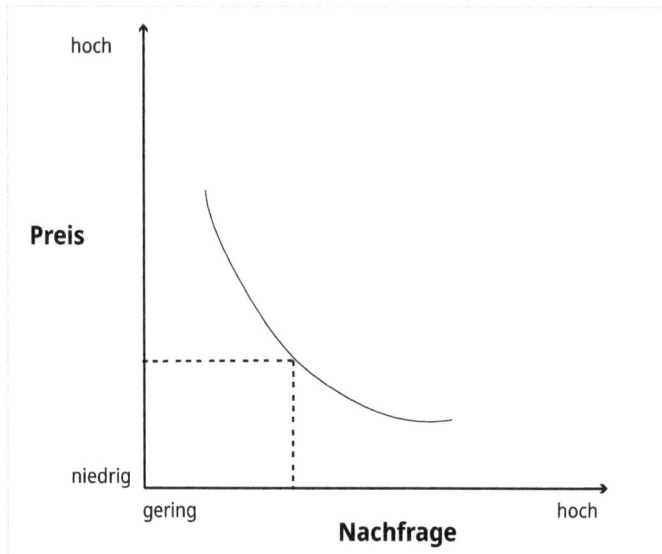

Abb. 3.2: Beispielhafte Preis-Absatz-Funktion.

natensystem und den gestrichelten Linien entsteht, entspricht in seiner Fläche dem Umsatz. Das liegt daran, dass die Fläche eines Rechtecks als Länge mal Höhe berechnet wird. Die Länge ist hier im Beispiel die Nachfrage bzw. die Absatzmenge. Die Höhe entspricht dem Preis. Absatzmenge mal Preis ergeben demnach die Fläche des abgebildeten Rechtecks. Und Menge mal Preis ist wiederum die Formel für den Umsatz. So kann der Umsatz für einen Preispunkt grafisch dargestellt bzw. abgelesen werden. Die Problematik in der praktischen Anwendung ist, dass die Nachfrage nur sehr schwer gemessen werden kann. Wenn die Wohnung einmal vermietet ist, lässt sich oftmals nur schwer messen, ob es noch mehr Nachfrage gegeben hätte. Bei Direktbuchungen, über Telefon oder E-Mail, besteht die Möglichkeit, Buchungsanfragen auch für ausgebuchte Tage zu notieren. So wird deutlich, für welche Tage wie viele Anfragen eingegangen sind, wie stark also die Nachfrage war. Beim Online-Vertrieb lässt sich teilweise messen, nach welchen Aufenthaltszeiträumen gesucht wird, und anhand der Häufung der Suchanfragen kann auch auf die Nachfrage geschlossen werden. Ein weiterer Indikator ist die Anzahl der noch verfügbaren Objekte über eine Buchungsplattform: Je mehr Wohnungen bereits gebucht sind, desto höher ist vermutlich die Nachfrage. Nun lassen sich Tage oder Zeiträume ableiten, an denen die Nachfrage besonders hoch oder eher gering ist. Welchen Einfluss genau der Preis dabei hat, lässt sich jedoch oftmals nur durch Ausprobieren herausfinden.

Wenn nur ein fixer Preis festgelegt wird, so wird tendenziell nur eine spezifische Nachfragegruppe angesprochen. Potenzielle Gäste mit einer geringeren Zahlungsbereitschaft würden nicht buchen. Kunden mit einer höheren Zahlungsbereitschaft würden ggf. auch nicht buchen, da sie das Angebot als nicht hochwertig genug ansehen. Das liegt daran, dass der Preis eine Kommunikationsfunktion hat. Gerade bei Dienstleistungen, welche vorab nicht getestet werden können, gehen viele Kund:innen davon aus, dass die Dienstleistung umso höherwertiger ist, je teurer sie verkauft wird. Falls die Gäste, welche eigentlich eine höhere Zahlungsbereitschaft gehabt hätten, das günstigere Angebot buchen, so wird ihre Zahlungsbereitschaft kannibalisiert. Durch das Angebot des günstigeren Preises wird die Möglichkeit, die Wohnung zu einem höheren Preis zu vermieten, eliminiert. Um diese Problematik zu umgehen, ist es sinnvoll, mehrere Preispunkte anzubieten, um verschiedene Kundengruppen mit unterschiedlicher Preissensibilität anzusprechen und dadurch in Summe mehr Umsatz zu machen (vgl. Abbildung 3.3). Die Gefahr der Kannibalisierung besteht auch in diesem Fall, daher sollten gerade niedrigere Preispunkte mit gewissen Restriktionen versehen werden, beispielsweise einer höheren Vorauszahlung oder strengeren Stornierungsbedingungen. So ist die Chance, dass Gäste mit einer höheren Zahlungsbereitschaft sich für das teurere Angebot mit besseren Konditionen entscheiden, deutlich höher.

Abbildung 3.3 zeigt die Preis-Absatz-Funktion aus Abbildung 3.2, allerdings mit zwei zusätzlichen Preispunkten, einem über dem ursprünglichen Preis und einem darunter. Zu jedem Preispunkt wurde mithilfe der Preis-Absatz-Funktion die entsprechende Nachfrage bzw. der entsprechende Absatz gefunden. Diese Zusammenhänge sind durch die gepunkteten Linien dargestellt. Wiederum stellen die Rechtecke unterhalb der

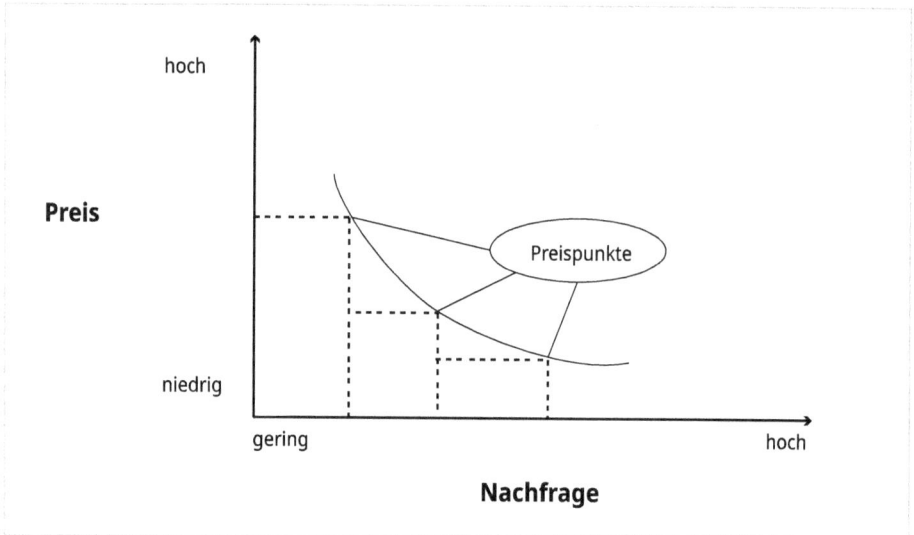

Abb. 3.3: Absatzmengen bei unterschiedlichen Preispunkten.

gepunkteten Linien den jeweiligen Umsatz dar. Es ist deutlich zu erkennen, dass die Fläche der drei Rechtecke aus Abbildung 3.3 größer ist als die Fläche des einzelnen Rechtecks in Abbildung 3.2. Der Umsatz ist demnach bei mehreren Preispunkten aller Wahrscheinlichkeit nach höher. Selbst wenn Verdrängungseffekte hinzugerechnet werden, ist der Umsatz meist dennoch höher als bei einer Preispolitik mit nur einem Preispunkt.

Eine Preispolitik, welche unterschiedliche Preise anbietet, kann demnach dazu beitragen, die Nachfrage so zu steuern, dass die vorhandene Kapazität möglichst optimal ausgenutzt wird. Zudem kann eine breitere Zielgruppe angesprochen werden was die Absatzchancen erhöht und dadurch Umsatzpotenziale birgt. Zudem können durch Preisspreizung unterschiedliche Zahlungsbereitschaften abgeschöpft und die Wohnung somit teilweise zu höheren Preisen vermietet werden, was wiederum den Umsatz erhöht.

Die Preise können nach unterschiedlichen Kriterien differenziert werden, etwa nach Zeitpunkt der Belegung (Saisonzeiten, Wochentage) oder auch nach dem Zeitpunkt der Buchung (Frühbucherpreise, Last-Minute-Preise). Eine Differenzierung nach Kundengruppen ist auch denkbar, allerdings sollte hierbei beachtet werden, dass meist unterschiedliche Kundengruppen über die gleichen Kanäle buchen. Es ist somit schwierig sicherzustellen, dass nur ein spezielles Segment angesprochen wird, wenn dieses keinen eigenen Buchungsweg hat. Sollte eine solche Differenzierung nach Kundengruppen durchführbar sein, so sollte in der Kommunikation darauf geachtet werden, andere Kundengruppen, für welche das Angebot nicht gilt, möglichst nicht darüber zu informieren. Diese könnten sich sonst diskriminiert fühlen und von künftigen Buchungen der Wohnung absehen.

„Okay, das habe ich verstanden", meint Salim, „wir bieten also verschiedene Preise an und machen damit am Ende mehr Umsatz. Aber wann genau bieten wir jetzt höhere und wann günstigere Preise an? Und um wie viel höher oder niedriger als unser Basispreis?" „Hm, gute Frage", stimmt auch Katrin zu. „Wir bräuchten so eine Art Kriterienliste, wann der Preis gesenkt werden sollte und wann er angehoben werden sollte." „Oh Mann, ich wollte es nicht gleich wieder kompliziert machen ... Kriterienliste, oje!", stöhnt Salim. Doch Miriam ist begeistert: „Au ja, das sollten wir unbedingt machen. Wir sollten uns überlegen, von welchen Kriterien unsere Preise abhängen und wie diese Kriterien auf die Preise wirken. Dann können wir die einzelnen Kriterien gewichten, also welches Kriterium den Preis wie stark beeinflussen sollte. Wenn wir das alles haben, könnten wir die Preise quasi per Knopfdruck berechnen. Ich bin sicher, da könnte man eine Tabelle bauen." Sie redet sich in Fahrt und fängt schon an, erste Formeln nachzuschlagen, um eine entsprechende Tabellenkalkulation aufzusetzen. „Jetzt mal langsam", bremst Salim. „Es ist ja schön und gut, dass wir unterschiedliche Preise anbieten und dass wir uns überlegen, nach welchen Kriterien wir diese differenzieren. Aber letztendlich vermieten wir hier eine einzige Wohnung, die bis dato noch nicht mal differenzierte Preise hatte. Wir können auch mal die Kirche im Dorf lassen bzw. das Tabellenkalkulationsprogramm geschlossen." Katrin überlegt kurz, dann stimmt sie Salim zu: „Ich würde es anfangs auch lieber einfach haben. Wenn wir alles direkt automatisch berechnen lassen, kommen da irgendwann Preise raus, von denen wir gar nicht mehr genau wissen, wie sie jetzt berechnet wurden. Lass es uns am Anfang doch erst mal händisch machen, damit wir ein Gefühl dafür bekommen. Wenn wir das haben, und uns das Abwägen und Kalkulieren zu aufwendig erscheint, wäre so eine Tabellenlösung wie du sie vorgeschlagen hast, Miri, sicher super." Etwas geknickt, dass sie ihre Ideen und Lösungsansätze vorerst nicht in eine Tabellenkalkulation übertragen darf, gibt Miriam nach und die drei Freunde überlegen, welche Faktoren Einfluss auf den Preis haben.

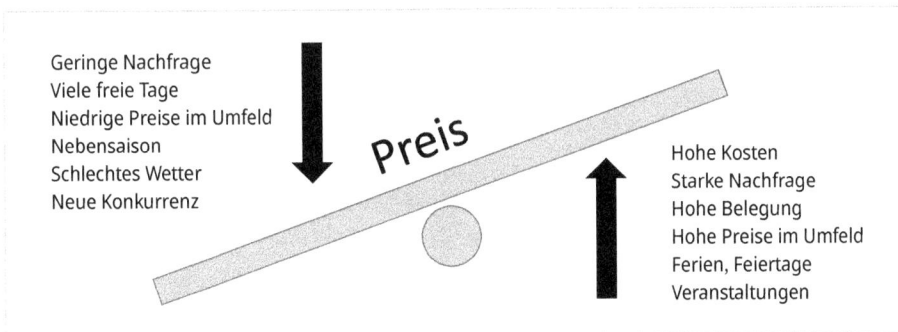

Abb. 3.4: Preisbeeinflussende Faktoren.

Abbildung 3.4 zeigt eine Auswahl an Faktoren, welche Einfluss auf den Preis haben. Grundsätzlich lassen sich diese Faktoren in interne und externe Faktoren grob unterteilen. Auf interne Faktoren haben die Vermietenden direkten oder indirekten Einfluss, beispielsweise auf die Kosten. Nicht immer können steigende Kosten vermieden werden, durch cleveren Einkauf lassen sich jedoch Sparpotenziale realisieren. Auch die Buchungssituation, also ob es viele freie Tage mit Leerstand gibt oder schon viele Tage belegt sind, lässt sich als Gastgeber:in gut steuern. Vor allem auch, wie viele kurze „Lücken" von ein bis zwei Tagen zwischen Buchungen entstanden sind, welche dann letztendlich schwieriger zu verkaufen sind. Wesentlich umfangreicher sind die externen Faktoren, auf welche kein Einfluss genommen werden kann. Hierzu zählt etwa das Wetter – gerade Ferienimmobilien profitieren von der touristischen Destination, in welcher sie liegen, deren Erkundung oft wetterabhängig ist. Wie die Ferien und Feiertage liegen, ob sie vielen Menschen Kurzurlaube ermöglichen oder aber auf Wochenenden fallen bzw. ob es eine kurze Zeit dafür mit sehr hoher Feriendichte gibt, ist ebenso nicht beeinflussbar. Auch was im sonstigen Marktumfeld passiert, spiegelt sich meist in den Preisen wider, z. B. ob zusätzliche Wohnungen auf den Markt kommen oder ggf. Wohnungen vom Markt genommen werden, ob Objekte renoviert werden oder einen Renovierungsstau aufweisen, ob die Vermieter im Umfeld eher hohe oder niedrige Preise verlangen, wie gut ausgelastet die Wohnungen im Umfeld sind bzw. welche Verfügbarkeit noch besteht und auch welche Veranstaltungen (wie etwa die Strandkonzerte) stattfinden.

Die Reaktion auf all diese Faktoren hängt zu großen Teilen auch von der Preisstrategie ab. Wenn eine neue Wohnung in direkter Nachbarschaft zur Vermietung angeboten wird, gehen einige Vermieter davon aus, dass diese Wohnung für potenzielle Gäste attraktiver ist, da sie ggf. neuer ist oder die Gäste einfach etwas Neues ausprobieren möchten. Daher werden die eigenen Preise gesenkt, um die eigene Attraktivität zu erhöhen und den empfundenen Nachteil auszugleichen. Eine andere Strategie kann sein, die eigenen Preise konstant zu lassen. Diese Strategie basiert auf der Annahme, dass die eigenen Gäste die gleiche Zahlungsbereitschaft hätten wie vor dem Markteintritt der neuen Wohnung und eine Preissenkung daher nicht nötig sei, da der Wert der eigenen Wohnung ja nicht gesunken sei. Die dritte Strategie wäre schließlich, die eigenen Preise zu erhöhen. Diese Strategie basiert auf der Annahme, dass die neue Wohnung sich ggf. noch in der Finanzierung befindet und die Eigentümer sie zu hohen Preisen anbieten. Im Windschatten dieser höheren Preise können auch eigene Preise erhöht werden mit dem Argument, dass dies nun marktüblich sei. Welche Preisstrategie die richtige ist, lässt sich pauschal nicht sagen. Jede Wohnung und jede Situation ist anders, ebenso wie die Strategien der Vermietenden. Schlussendlich sollten sämtliche Strategieoptionen durchdacht werden, um sich dann für eine zu entscheiden. Ob es letztendlich die beste war, lässt sich im Nachhinein nur schwer feststellen, da keine alternative Realität simuliert werden kann. Wenn jedoch nicht die erwünschten oder erwarteten Ergebnisse erzielt werden, macht es ggf. Sinn, auch langjährig erfolgreiche Strategien grundlegend zu hinterfragen. Die Entwicklungen der letzten Jahre haben gezeigt, dass die Überlebensfähigkeit von touristischen Angeboten gerade in deren Flexibilität und Anpassungsfähigkeit liegt.

3.3 Steuerung über den Preis

Wie im Kapitel zur Preisdifferenzierung bereits angedeutet, kann eine Steuerung der Nachfrage über den Preis erfolgen. Das Möwennest ist während der Ferien und Feiertage meist komplett ausgebucht. Die Segmente KS und KJ buchen fast ausschließlich zu Ferienzeiten. Hier ist eine deutlich höhere Nachfrage zu verzeichnen, als mit der einen zur Verfügung stehenden Wohnung bedient werden kann. Daher können es sich die Freunde in diesen Zeiten leisten, die Nachfrage zu sortieren, also nicht jede Nachfrage anzunehmen, sondern nur jene Gäste mit einer höheren Zahlungsbereitschaft. Um diese herauszufiltern, sollte der Preis erhöht werden. Wie hoch die Differenzierung der Preise ist, also um wie viel sie zu Saisonzeiten erhöht werden, kann nicht pauschal entschieden werden. Oftmals ist es eine Kombination aus den Preisen von Marktbegleitern, dem Feedback von Gästen auf den Preis und dem Buchungsverhalten, welches veränderte Preise mit sich bringen.

Um die Nachfragesituation während der Ferienzeiten besser zu verstehen, machen sich die Freunde die Mühe, für die Osterferien, welche gerade vergangen sind, alle erhaltenen Buchungsanfragen herauszusuchen. So können sie nachvollziehen, wie hoch die Nachfrage für jeden einzelnen Tag war. Abbildung 3.5 zeigt die Verteilung der Nachfrage. Am Osterwochenende selbst hatten sie gleich sechs Anfragen für die Wohnung, während für den Samstag vor Ostern gerade eine Anfrage kam.

An den Osterfeiertagen selbst könnten die Freunde es sich also leisten, fünf Nachfragen abzulehnen und nur jene mit der höchsten Zahlungsbereitschaft anzunehmen.

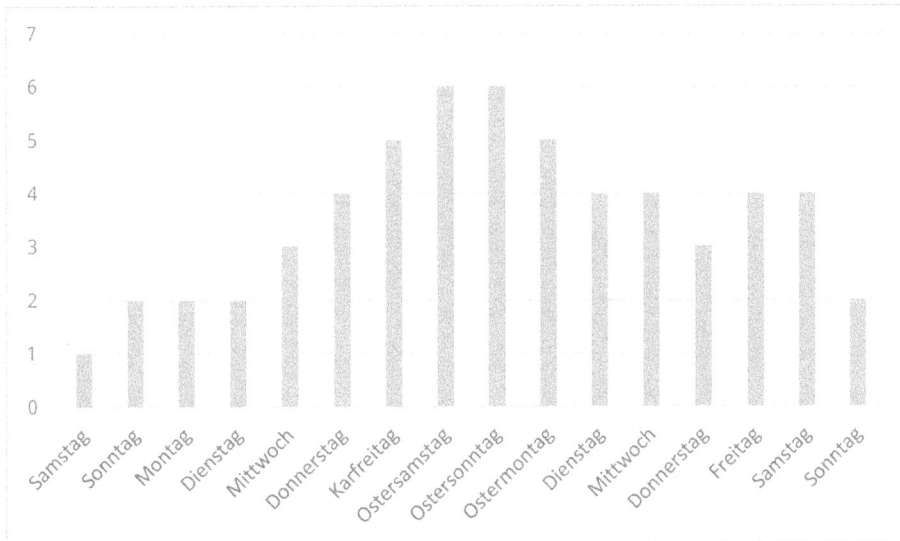

Abb. 3.5: Nachfrage über die Osterfeiertage.

Damit der Einfluss, den die Preise auf das Buchungsverhalten haben, auch wirken kann, ist es von elementarer Bedeutung, die Preise vor Buchungsöffnung entsprechend anzupassen. Sobald die Systeme für Buchungen geöffnet werden, können Buchungen getätigt werden, welche im Nachhinein meist nicht mehr anzupassen sind. Daher müssen vor der Buchungsöffnung die Preise entsprechend differenziert und festgelegt werden, um das Umsatzpotenzial voll auszuschöpfen. Die Freunde beschließen, die Feiertage selbst mit dem höchsten für sie vertretbaren Preis anzubieten, zu 290,00 €. Die Tage, für die sie zwei Nachfragen erhalten haben, wollen sie mit ihrem kalkulierten Basispreis von 230,00 € anbieten. Am Samstag vor Ostern möchten sie einen etwas günstigeren Preis anbieten. Hier haben sie nur eine Anfrage erhalten, diese sollten sie auf jeden Fall in eine Buchung konvertieren, um Leerstand zu vermeiden. Sie beschließen daher, den Samstag auf 190,00 € zu senken. Die Tage mit drei, vier und fünf Anfragen beschließen sie recht gleichmäßig zwischen den 230,00 € und den 290,00 € zu bepreisen (vgl. Abbildung 3.6).

Neben den Preisen für die Übernachtung können auch die zusätzlichen Preise und Gebühren in Zeiten mit hoher Nachfrage angepasst werden. Wenn es technisch möglich ist, könnten die Gebühren für zusätzliche Personen, die Reinigungsgebühr oder auch die Pauschale für Handtücher und Bettwäsche entsprechend nach oben angepasst werden. Der Vorteil hierbei ist, dass diese Preise nicht auf den ersten Blick erkennbar sind, die Preiserhöhungen bei der Buchung also nicht direkt ins Auge fallen. Dennoch sollte darauf geachtet werden, nicht den Übernachtungspreis und alle Gebühren zeitgleich massiv zu erhöhen, da der Preiserhöhungseffekt ansonsten zu stark sein könnte und somit Buchungen verdrängen würde.

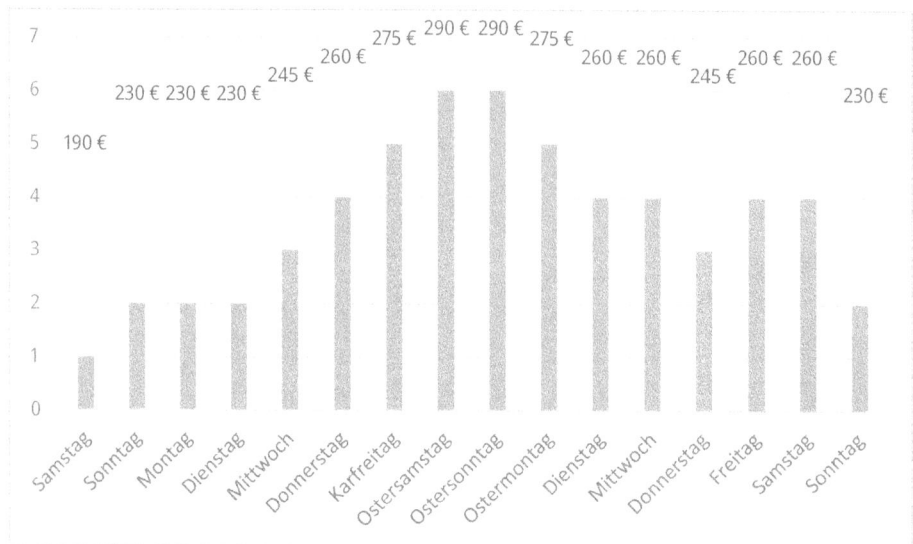

Abb. 3.6: Nachfragebasierte Preise über die Osterferien.

Diese erste Preisdifferenzierung dient vorrangig dazu, Umsatzpotenziale zu erschließen, indem Zahlungsbereitschaften abgeschöpft werden. Allerdings kann der Preis auch dazu genutzt werden, um die Nachfrage zu steuern. Aktuell ist die Nachfrage an den Feiertagen sehr hoch, an den Schultertagen direkt davor und danach ist sie etwas geringer. Um die Nachfrage an diesen Tagen zu stärken, könnte der Preis gesenkt werden. Allerdings erscheint das nicht nötig, da die Preise zu den mäßig angefragten Tagen ja relativ stabil belassen wurden. Es wäre allerdings denkbar, ein Special anzubieten, beispielsweise einen Rabatt für einen gewissen Mindestaufenthalt. Die aktuelle Verteilung der Nachfrage lässt darauf schließen, dass einige Anfragen nur für zwei oder drei Nächte sind. Es sollte jedoch das Ziel sein, die Wohnung während der Osterferien komplett zu belegen. So könnte beispielsweise bei einem Aufenthalt ab fünf Nächten ein Rabatt von 20 % gewährt werden. In einigen Prospekten findet man solch ein Angebot auch unter „6 = 5" oder „6 Nächte bleiben, 5 Nächte zahlen". Die Schwierigkeit hierbei ist, dass nicht klar definiert ist, welche Nacht die kostenfreie ist. Die Vermieter würden vermutlich immer die günstigste Nacht des Aufenthaltes als kostenfrei ansehen. Die Gäste hingegen gehen vermutlich von der teuersten Nacht aus. Auch die erste oder die letzte Nacht wären nachvollziehbare Gedankengänge. Um Missverständnisse zu vermeiden, kann es daher sinnvoll sein, einen prozentualen Rabatt anzugeben, welcher von jeder Nacht abgezogen wird. Wenn von fünf Nächten jeweils 20 % abgezogen werden, entspricht das auch einer gesamten Nacht, nur dass eben jede Nacht gleichmäßig rabattiert wurde, unabhängig vom Preis. Um den schwach nachgefragten Samstag vor Ostern etwas zu stärken, könnte hier auch ein Special bei den Zusatzoptionen angeboten werden, etwa dass Anreisen am Samstag ein kostenfreies Handtuchpaket oder Ähnliches erhalten. Solche Rabatte bzw. kostenfreien Leistungen sollten jedoch nur gewährt werden, wenn die Wahrscheinlichkeit, die regulären Preise durchsetzen zu können, sehr gering ist.

Die Freunde haben nun die Preise für die kommenden Osterferien wie in Abbildung 3.6 dargestellt angepasst und zugleich ein Special eingestellt, das bei Aufenthalten ab fünf Tagen einen Rabatt von 20 % gewährt. Dieses Special muss sofort komplett bezahlt werden und ist nicht mehr kostenfrei stornierbar, während die reguläre Rate noch bis sechs Wochen vor Anreise storniert werden kann und bei Buchung nur eine Anzahlung geleistet werden muss. Gespannt warten die Freunde nun auf die Buchungen und malen sich aus, wie viel Umsatz sie nun über die Osterferien machen können. Doch in den nächsten Wochen passiert nichts. Obwohl die Osterferien oft schon ein Jahr im Voraus gebucht werden, haben sie bisher noch keine Buchung erhalten. Katrin wird langsam nervös und überlegt, ob sie doch zu mutig waren mit der Preiserhöhung und ggf. die Preise wieder senken sollten. Schließlich ist ihre Wohnung jetzt zu den Osterferien deutlich teurer als jene im Umfeld, die auch nach und nach gebucht werden, wie man an den angebotenen Verfügbarkeiten sieht. Doch Miriam ist sich sicher, dass sie nur durchhalten müssen. Wenn alle günstigeren Ferienwohnungen ausgebucht sind, würden sie schon auch Buchungen bekommen. Die Nachfrage des aktuellen Jahres zeige ja, dass deutlich mehr Nachfrage als Angebot da sei. Als nach ein paar Wochen immer noch nichts geschehen ist, beschließen sie, auch den Buchungszeitpunkt über den Preis zu steuern. Der Zeitpunkt zwischen der Buchung und der Anreise ist die Leadtime. Üblicherweise liegt diese für die ersten Buchungen zu den Osterferien bei etwa einem Jahr. Ein zweiter Schub an Buchungen kommt meist um die Weihnachtsfeiertage herum, also rund vier Monate vor Anreise. Schließlich gibt es noch ein paar Kurzentschlossene, die erst ein bis zwei Wochen vor Anreise buchen. Die langfristigen Buchungen sind ausgeblieben, die Freunde hoffen nun auf die Buchungen um die Weihnachtszeit, wenn viele Menschen Zeit mit der Familie verbringen und ihre nächsten Urlaube planen. Um nicht einfach nur zu hoffen und tatenlos zuzusehen, beschließen sie, die Steuerungsfunktion zu nutzen. Sie schalten also ein weiteres Special, einen Frühbucherrabatt. Bei Buchungen bis vier Monate vor Anreise erhalten die Gäste zusätzliche 10 % Rabatt auf den Übernachtungspreis. Die Freunde haben lange überlegt, ob sie das 5-Nächte-Special und den Frühbucherrabatt miteinander kombinierbar machen sollen oder nicht. Immerhin würden sie somit insgesamt 28 % Rabatt gewähren. Diese Rechnung findet Salim schwierig nachvollziehbar, schließlich ergeben 20 % Rabatt und 10 % Rabatt zusammen 30 % Rabatt. Miriam erklärt, dass die Rabatte ja nacheinander abgezogen werden, und nimmt als Beispiel eine Übernachtungsrate von 100 €.

Tab. 3.9: Kalkulation kombinierbarer Rabatte.

Übernachtungsrate	100 €
./. 20 % 5-Nächte-Special (= –20 €)	80 €
./. 10 % Frühbucherrabatt (= –8 €)	72 €
Gesamtrabatt (100 € – 72 €)	28 €

Die Kalkulation der Rabatte ist in Tabelle 3.9 dargestellt. Da die 10 % Frühbucherrabatt nicht vom ursprünglichen Wert, also von den 100 € abgezogen werden, sondern vom bereits rabattierten Preis, also von den 80 €, beträgt der Rabatt 8 € statt 10 €. Somit ist der Gesamtrabatt 28 €, was in diesem Beispiel auch 28 % entspricht. Nachdem die Rabatthöhe in der Kombination geklärt ist, entschließen sich die Freunde trotz des hohen Rabattes dazu, die Kombination von beiden Angeboten zuzulassen. Schließlich würden beide Rabatte nur dann zum Tragen kommen, wenn ein Gast mindestens vier Monate im Voraus bucht und mindestens fünf Nächte bleibt. Da dies das gewünschte Buchungsverhalten ist, soll der Gast auch von den entsprechenden Rabatten profitieren. Bei einem Frühbucherrabatt ist grundsätzlich die allgemeine Leadtime für den Reisezeitraum zu beachten. Wenn die Buchungen ein Jahr vor der Anreise ausgeblieben sind, so macht ein Special mit einem Buchungszeitraum bis sechs Monate vor Anreise vermutlich wenig Sinn, da die Gäste erst um Weihnachten herum wieder anfangen, sich mit ihren Reiseplänen über die Osterferien zu beschäftigen. Ein Frühbucherrabatt, welcher nur bis Oktober oder November gilt, würde vermutlich wenig Resonanz erzielen. Je nach Zielgebiet und Reisezeitraum können Leadtimes stark variieren; je besser die Specials und Rabatte darauf abgestimmt sind, desto eher werden sie gebucht und erzielen somit den gewünschten Steuerungseffekt.

Als die drei Freunde nach dem Jahreswechsel wieder die Buchungslage über die Osterferien betrachten, hat ihr Special tatsächlich etwas gebracht: Sie haben zwei Buchungen erhalten, eine vom Samstag vor Ostern bis Karfreitag und eine vom Ostermontag bis zum Sonntag danach. Sie haben also wie gewünscht lange Buchungen und diese nun auch vier Monate vor Anreise bereits fest gebucht – da beide Aufenthalte über die Rabatte gebucht wurden, können sie nicht mehr kostenfrei storniert werden. Allerdings sind die Osterfeiertage selbst noch frei. Miriam ist hier jedoch sehr entspannt. Schließlich sind das Feiertage, an denen viele Menschen frei haben, das zeigt auch die starke Nachfrage des Vorjahres für genau diesen Zeitraum. Und es ist nur ein kurzer Aufenthalt möglich (Karfreitag bis Ostermontag), und kurze Aufenthalte würden üblicherweise mit einer kürzeren Leadtime gebucht als komplette Urlaubswochen. Neben Miriams Strategie des Abwartens können einzelne Lücken im Belegungsplan auch durch Aktionen aktiv geschlossen werden. Eine Möglichkeit ist, ein Rabatt auf Buchungen zu gewähren, welche exakt in eine Lücke im Belegungsplan passen. Auf der Buchungsseite kann ein „Lückenlotse" oder auch eine „Restplatzbörse" die Buchenden zu genau diesen Lücken führen, sodass sie bei entsprechender zeitlicher Flexibilität einen Rabatt mitnehmen können. Eine andere Möglichkeit ist ein sogenannter Flash Sale. Hier werden für einen kurzen Buchungszeitraum, meist nur wenige Tage, die Preise für unterschiedliche Reisezeiträume massiv gesenkt. Ein klassisches Beispiel für Flash Sales ist der Black Friday, welcher inzwischen in die Black Week übergeht: Am Freitag nach dem amerikanischen Thanksgiving-Fest bzw. die ganze Woche danach werben unterschiedlichste Unternehmen mit starken Rabatten. Dies kann einen massiven Buchungsanreiz auslösen, allerdings werden Kunden durch solch vorhersehbare Aktionen auch darauf konditioniert, manche Buchungen und Einkäufe in diesen Zeitraum zu legen, um von günstigeren Preisen zu profitieren. Sollen Flash Sales zu anderen Zeiträumen durchgeführt werden, ist eine entsprechende Kommunikation elementar, damit der Buchungsanreiz auch wirkt. Hilfreich kann hier die Zusammenarbeit mit speziellen, auf Flash Sales spezialisierten Portalen sein. Diese schicken regelmäßig Newsletter mit den aktuellen Angeboten an registrierte Nutzer und haben meist eine enorme Reichweite. Gleichzeitig fordern diese Portale aber deutliche Rabatte, um ihrem Kundenversprechen der attraktiven Angebote gerecht zu werden. Zudem bekommen auch die Portale selbst eine Provision, welche mit einzukalkulieren ist. Über solche Anbieter können also durchaus Buchungen generiert werden, allerdings zu einem recht niedrigen Preis. Hier gilt es auch mithilfe der Preisuntergrenzen zu kalkulieren, ob dieses Geschäft noch vorteilhaft ist. Gleichzeitig gilt es, abzuwägen, ob die Gäste, welche über solche Flash Deals gekommen sind, als zukünftige Wiederkehrer bzw. Stammgäste gewonnen werden können oder ob sie auf der Jagd nach den besten Schnäppchen selten mehrfach an den gleichen Urlaubsort zurückkehren.

Die Freunde entschließen sich schließlich für einen Lückenlotsen, mit dem sie Gäste aktiv auf die Verfügbarkeiten während der Osterfeiertage hinweisen. Allerdings geben sie hier einen eher symbolischen Rabatt von 5 %. Letztendlich konnten sie so eine Buchung über die Feiertage generieren und sind sehr gespannt, ob ihre Preisstrategien tatsächlich zu mehr Umsatz geführt haben als im Vorjahr, als sie alle Tage einheitlich zu 200,00 € angeboten hatten.

Tab. 3.10: Belegung und Raten über Ostern im Vergleich zum Vorjahr.

	Sa	So	Mo	Di	Mi	Do	Fr	Sa	So	Mo	Di	Mi	Do	Fr	Sa
AJ	137	166	166	166	176	187	261	276	276	198	187	187	176	178	178
VJ	200	200				200	200	200	200	200			200	200	200

Beim Vergleich der Osterferien des aktuellen Jahres (AJ) mit dem Vorjahr (VJ) wird deutlich, dass die Freunde über die Feiertage selbst die Preise massiv erhöhen konnten. In den übrigen Zeiträumen liegen die Raten durch die Rabatte, welche nötig waren, um Buchungen zu generieren, etwas unter jenen des Vorjahres. Allerdings haben die Rabatte dazu geführt, dass längere Aufenthalte gebucht wurden, wodurch keine Lücken im Belegungskalender entstanden sind (bzw. schnell wieder gefüllt werden konnten). Im aktuellen Jahr wurde über die Osterferien ein Umsatz von 2.933 € erzielt, im Vorjahr waren es 2.000 €, der Umsatz konnte also um fast 50 % gesteigert werden. Darin zeigt sich, dass Rabatte oftmals wirtschaftlicher sind als Leerstand.

Die Freunde haben bei der Steuerung über den Preis zunächst die regulären Preise je nach Tag und Saison angepasst und später dann verschiedene Specials aufgesetzt. Wenn nun mithilfe der Preise nachgesteuert werden soll, weil die Nachfrage entweder stärker oder schwächer ist als erwartet, so gibt es unterschiedliche Möglichkeiten. Entweder können die einmal festgelegten Übernachtungspreise geändert werden, also beispielsweise gesenkt, wenn wider Erwarten die Nachfrage zu schwach ist. Oder es können Specials aufgesetzt werden bzw. kann mit der Verfügbarkeit oder der Rabatthöhe von Specials variiert werden. So könnte die Frühbucherrate unterschiedliche Rabattsätze haben. Specials wie die Frühbucherrate für einzelne Zeiträume zu schließen sollte vorab genau geprüft werden. Wenn die Frühbucherrate grundsätzlich verfügbar ist, jedoch samstags geschlossen, so kann es sein, dass Gäste, welche von Sonntag bis Sonntag anfragen, kein Angebot über die Frühbucherrate bekommen, da diese nicht durchgehend verfügbar ist. Nicht alle Buchungssysteme können unterschiedliche Raten während eines Aufenthaltes miteinander kombinieren. Und selbst wenn eine Kombination möglich ist, sollten die angewendeten Konditionen geprüft werden. Die Frühbucherrate muss sofort bezahlt werden und ist nicht mehr kostenfrei stornierbar. Für die reguläre Rate ist nur eine Anzahlung fällig, und sie kann noch bis sechs Wochen vor Anreise storniert werden. Welche Zahlungs- und Stornierungskonditionen bei einer Kombination beider Raten innerhalb eines Aufenthaltes gelten sollen, muss entschieden und die technische Umsetzbarkeit geprüft werden. Wenn eine Kombination der Raten nicht möglich ist, so würde der lange Aufenthalt von Sonntag bis Sonntag nur die reguläre Rate bekommen. Dieser Preis ist dann höher, als wenn beispielsweise nur Sonntag bis Samstag angefragt wird, da dann ja die Frühbucherrate noch verfügbar wäre. Es kann also sein, dass die Nachfrage von Sonntag bis Sonntag verdrängt wird, da der Preis zu hoch ist und dafür eine Buchung von Sonntag bis Samstag getätigt wird. Das entspricht oftmals nicht dem gewünschten Buchungsverhalten, obwohl durch die Schließung der Frühbucherrate ja nur der Samstag vor zu niedrigen Raten geschützt werden sollte. Um die Rate dennoch durchgängig buchbar zu machen, könnte der Rabatt z. B. je Tag geändert werden. Wenn die Frühbucherrate üblicherweise 10 % Rabatt gibt, so könnte sie am Samstag beispielsweise nur 5 % Rabatt geben. So kann die Rate dennoch durchgehend gebucht werden, wodurch Zahlungs- und Stornierungsbedingungen eindeutig sind, für den Samstag wird dennoch nicht der volle Rabatt gewährt. Ob nun diese Variante gewählt wird oder am Samstag die reguläre Rate so weit nach oben angepasst wird, bis sie inklusive eines Frühbucherrabatts von 10 % auf dem gewünschten Preispunkt liegt, hängt von technischen Möglichkeiten und der Kommunikation ab. Technische Möglichkeiten dahingehend, ob es einfacher ist, einzelne Tagesraten anzupassen, oder ob es schneller geht, die Specials an einzelnen Tagen anzupassen. Je nach System kann man die Unterscheidung z. B. nach Wochentagen auch für das ganze Jahr einstellen, sodass nicht alle Samstage einzeln angefasst werden müssen. In der Kommunikation geht es darum, wie ein Special, z. B. die Frühbucherrate, beworben wird. Wenn der Rabatt beispielsweise mal 5 % und mal 10 % beträgt, so sollte nicht mit „Früh buchen und 10 % sparen" geworben werden, in diesem Fall müsste es dann „Früh buchen und bis zu 10 % sparen" heißen. Ob dieser „bis zu" Zusatz die Werbebotschaft schwächt oder nicht bzw. welchen Effekt diese Schwächung hätte, muss aus Marketingsicht bewertet werden.

In Kapitel 1.4 wurde die optimale Aufenthaltsdauer kalkuliert, mit dem Ergebnis, dass Aufenthalte von sieben Tagen für das Möwennest am wirtschaftlichsten sind, da hier die Gefahr für Leerstand relativ gering ist und gleichzeitig die Gebühren, welche einmalig je Aufenthalt anfallen, entsprechend häufig fällig werden. Um nun die Buchung von genau sieben Tagen attraktiver zu machen, könnte der Preis für diese Aufenthaltsdauer entsprechend reduziert werden. Allerdings würde das die Wirtschaftlichkeit wieder schmälern. Daher wäre es eine Überlegung wert, längere Aufenthalte teurer zu machen. So könnte bei Aufenthalten, welche über sieben Nächte gehen, beispielsweise ein Aufschlag hinzugerechnet werden, welcher den entgangenen Gebühren entspricht. Bei Aufenthalten, welche vom Wochenrhythmus abweichen und damit die Gefahr von Leerstand erhöhen, könnten prozentuale Aufschläge genommen werden, um das Leerstandsrisiko auszugleichen. Solche Gebühren bzw. Aufschläge sind für Buchende nicht zwangsläufig erkennbar. Üblicherweise wird eine Aufenthaltsdauer angefragt und daraufhin ein Preis angeboten. Lediglich bei der Anfrage von verschiedenen Aufenthaltsdauern können Gäste die Preisunterschiede feststellen – und hätten dann wiederum einen Anreiz, genau sieben Nächte zu bleiben.

3.4 Steuerung über die Verfügbarkeit

Neben dem Ansatzhebel über den Preis lässt sich die Nachfrage auch über die Verfügbarkeit steuern. Hierbei geht es nicht um die Verfügbarkeit der Wohnung grundsätzlich – damit sie gebucht werden kann, muss die Verfügbarkeit gegeben sein. Allerdings kann die Verfügbarkeit von An- und Abreisetagen, von speziellen Raten oder Rabatten so restriktiert werden, dass die Nachfrage eher dem gewünschten Buchungsverhalten entspricht. Während die Preismaßnahmen eher einen Anreiz dargestellt haben, früher zu buchen bzw. längere Aufenthalte zu buchen, so ist die Steuerung über die Verfügbarkeit meist der stärkere Ansatz. Hier werden Gäste nicht durch Anreize in die gewünschte Richtung gestupst, ihnen wird die Möglichkeit genommen, z. B. einen kürzeren Aufenthalt zu buchen. Wichtig ist hierbei, dass selbstverständlich kein Gast zu einem Aufenthalt gezwungen wird. Auch wenn Buchungen beispielsweise nur für Aufenthalte von fünf Tagen zugelassen werden, können die Gäste natürlich nach drei Tagen abreisen – sie müssen allerdings die Miete für die vollen fünf Tage bezahlen. Dennoch ist die Wahrscheinlichkeit hoch, dass diese harten Maßnahmen Nachfrage verdrängen – einige Gäste, welche nur kürzer bleiben möchten, werden vermutlich gar nicht erst buchen. Daher sollten Verfügbarkeitseinschränkungen nur dann vorgenommen werden, wenn davon ausgegangen wird, dass deutlich mehr Nachfrage als Kapazität vorhanden ist bzw. ein Großteil der Nachfrage dem vorgegebenen Buchungsmuster entspricht. Gerade bei Ferienimmobilien können Verfügbarkeitsrestriktionen ein wirksames Instrument sein, um Lücken in der Belegung zu vermeiden.

So können beispielsweise Mindestaufenthalte (Minimum length of stay, MinLOS) gesetzt werden. Die technischen Möglichkeiten des PMS und der Portale, auf denen die Immobilie angeboten wird, sind unterschiedlich. Ein MinLOS kann meist auf einen Anreisetag gesetzt werden. Bei dem Beispiel der Osterferien (Abbildung 3.5) zeigt sich, dass die Anfrage ab Gründonnerstag deutlich steigt. Es wäre nun möglich, einen MinLOS von beispielsweise fünf Nächten auf den Gründonnerstag zu legen. Somit könnten Gäste, die am Gründonnerstag anreisen, die Wohnung nur buchen, wenn sie mindestens fünf Nächte bleiben. Für eine Anfrage von weniger Nächten mit Anreise am Gründonnerstag würde keine Verfügbarkeit angezeigt. Allerdings gilt dieser Mindestaufenthalt dann tatsächlich nur für den Anreisetag, auf den er gesetzt wurde. Gäste, welche erst am Karfreitag anreisen, wären von diesem Mindestaufenthalt nicht betroffen und könnten daher auch kürzere Aufenthalte buchen. Auch wirkt der Mindestaufenthalt nur „nach vorne", also für die späteren Tage. Bei einem Mindestaufenthalt von fünf Nächten am Gründonnerstag wird die starke Nachfrage am Gründonnerstag genutzt, um sicherzustellen, dass Buchungen über die gesamte Feiertage bleiben. Allerdings sind die Tage vor Gründonnerstag eher schwächer nachgefragt, es wäre also sinnvoll, diese Tage zu stärken – über die Osterfeiertage selbst ist die Nachfrage so groß, dass die Wohnung aller Wahrscheinlichkeit nach belegt sein wird. Eine Möglichkeit, diese Nachteile des MinLOS zu umgehen, ist der „Minimum stay through". Diese Restriktion wird auf einen Tag gesetzt und wirkt dann in beide Richtungen.

Tab. 3.11: Zugelassene Aufenthalte mit einem Minimum stay through.

Jede Buchung, welche den restriktierten Tag inkludiert, muss dann den geforderten Mindestaufenthalt erfüllen, egal ob durch frühere Anreise oder spätere Abreise. Es macht daher Sinn, den Minimum stay through auf den am stärksten nachgefragten Tag zu legen, in den Osterferien beispielsweise auf Karsamstag. Mit einer Minimum-stay-through-Restriktion von fünf Nächten am Karsamstag wären unterschiedliche Buchungen möglich, solange sie die Anforderung des Mindestaufenthaltes erfüllen (vgl. Tabelle 3.11).

In Tabelle 3.11 ist eine Restriktion auf den (Kar-)Samstag gesetzt, und zwar fünf Nächte stay through (5ST). Die Zeilen darüber zeigen unterschiedliche Aufenthaltsvarianten, welche den Samstag betreffen. Die mit einem Plus markierten Varianten sind zugelassen, die mit einem Minus versehenen würden keine Verfügbarkeit erhalten. So kann diese Restriktion in beide Richtungen wirken und sowohl die Tage vor dem restriktierten Tag als auch die folgenden Tage stärken. Allerdings ist diese Restriktion nicht auf allen Portalen technisch umsetzbar. Wenn die Wohnung auf einem Portal gelistet ist, welches die Minimum-stay-through-Regel nicht umsetzen kann, so muss entweder auf andere Regeln ausgewichen werden oder das Portal im entsprechenden Zeitraum geschlossen werden. Bleibt es ohne Minimum-stay-through geöffnet, so wären über diesen Kanal unerwünschte Buchungen möglich. Das Gegenstück zu MinLOS und Minimum stay through ist der Maximum length of stay (MaxLOS) und der Maximum stay through. In diesen Fällen wird keine Mindestaufenthaltsdauer vorgegeben, sondern die maximale Länge des Aufenthaltes begrenzt. Das kann Sinn machen, wenn man häufige Gästewechsel wünscht und keine Langzeitaufenthalte in der Immobilie haben möchte. Auch bei flexiblen Stornierungsbedingungen kann es Sinn machen, die Länge einzelner Aufenthalte zu begrenzen. Somit sinkt die Gefahr, dass Buchungen für mehrere Wochen getätigt und dann kurzfristig storniert werden, sodass eine erneute Buchung unwahrscheinlich ist.

Sowohl der Mindestaufenthalt als auch der Minimum stay through werden immer auf einzelne Tage gesetzt. Um die Wirksamkeit auch bei einem längeren Zeitraum sicherzustellen, können sie jedoch auch auf mehrere Tage hintereinander gesetzt werden. So könnte beispielsweise zwischen Gründonnerstag und Ostersonntag auf jeden einzelnen Tag ein Mindestaufenthalt von fünf Nächten gelegt werden. Das würde bedeuten, dass unabhängig davon, wann die Gäste innerhalb dieser Tage anreisen, immer ein Mindestaufenthalt von fünf Nächten gefordert wird. Somit wird die Gefahr umgangen, dass durch Anreise am Karfreitag auch kürzere Aufenthalte möglich sind, da die Restriktion auf dem Gründonnerstag liegt. Gleiches gilt für den Minimum stay through. Auch dieser kann auf mehrere Tage hintereinander gelegt werden, sodass auch für alle Buchungen, welche diese Tage inkludieren, die Mindestaufenthaltsdauer gilt. Die Restriktionen des MinLOS bzw. Minimum stay through setzen zwar Regeln für Aufenthalte, allerdings haben die Gäste dennoch eine gewisse Flexibilität in Bezug auf An- und Abreisedatum. Das erhöht einerseits die Chance auf Buchungen, da Gäste individuell entscheiden können, wann sie an- und abreisen, solange die Erfordernisse des Mindestaufenthaltes erfüllt sind. Allerdings erhöht sich auch die Gefahr für Lücken, wenn für den Abreisetage der Gäste keine direkte Anschlussbuchung generiert werden kann. Dieser Gefahr kann entgegengewirkt werden, indem feste An- und Abreisetage vorgegeben werden. Diese sogenannten „Bettenwechsel"-Tage könnten zum Beispiel regeln, dass die An- und Abreise grundsätzlich nur samstags möglich ist. Somit würden nur Buchungen im Wochenrhythmus zugelassen werden, die Gefahr von kürzeren Lücken ist somit gebannt. Allerdings nimmt es den Gästen auch sehr viel Flexibilität, was zu einem deutlichen Rückgang der Nachfrage und damit der Buchungen führen kann. Solch starre Regeln sollten daher nur in absolute Hochsaisonzeiten gelegt werden, wie beispielsweise in die Wochen mit hoher Feriendichte. Hier ist mit sehr starker Nachfrage zu rechnen und es ist aus wirtschaftlicher Sicht sinnvoll, diese Nachfrage zu nutzen, um die Wochen optimal, also ohne Lücken, zu belegen.

Eine nicht ganz so starre Möglichkeit, Lücken zu vermeiden, sind die Restriktionen „Close to Arrival (CTA)" oder auch „Close to Departure (CTD)", also die Sperrung für An- oder Abreisen an bestimmten Tagen. Beispielsweise kann es bei zwei Wochen Osterferien schwierig sein, eine Buchung für genau zwei Wochen zu erhalten. Auch zwei Buchungen, welche genau am Samstag wechseln, sind über die Feiertage ggf. nicht realistisch. Daher würden fixe An- und Abreisetage vermutlich zu Buchungsausfällen führen und daher ein wirtschaftliches Risiko darstellen. Wie die Nachfragesituation zeigt, ist die Nachfrage am Montag vor Ostern eher gering, am Dienstag, Mittwoch und Donnerstag etwas stärker und ab Freitag dann sehr stark. Eine Strategie könnte nun sein, Lücken am Montag und Dienstag vor Ostern zu akzeptieren, dafür jedoch ab Mittwoch nur Buchungen zuzulassen, welche über die ganze Osterzeit gehen. Um das zu erreichen, könnte auf die Tage zwischen Gründonnerstag und Ostersonntag jeweils ein CTA gelegt werden, ab Ostermontag auf die Folgetage dann ein CTD. Somit wäre zwischen Gründonnerstag und Ostersonntag keine Anreise möglich, eine Buchung über die Osterfeiertage müsste also bereits am Mittwoch anreisen. Da ab Montag keine Abreise möglich ist, müssten Buchungen mindestens bis zu jenem Tag bleiben, an dem kein CTD mehr gesetzt ist. Noch besser können die Tage geschützt werden, indem an allen Tagen sowohl ein CTD als auch ein CTA gesetzt wird; somit kann an diesen Tagen gar nicht an- bzw. abgereist werden. Auch die Kombination mit einem Mindestaufenthalt am Mittwoch wäre denkbar. So könnte am Mittwoch ein Mindestaufenthalt von acht Nächten gesetzt werden und könnten die folgenden Tage für die Anreise gesperrt werden. Somit würde nur eine Buchung zugelassen, welche spätestens am Mittwoch anreist und mindestens acht Nächte bleibt. Da Montag und Dienstag nicht restriktiert sind, könnten Gäste hier schon für die Ostertage anreisen oder das vorherige Wochenende verlängern oder einen Kurztrip nur an diesen Tagen machen – somit erhöht sich an diesen Tagen mit schwacher Nachfrage die Wahrscheinlichkeit für Buchungen, da mehr Möglichkeiten zugelassen werden. Bei der Kombination von Restriktionen ist es wichtig, dass diese nicht so gesetzt werden, dass keine Buchung mehr möglich ist.

Tab. 3.12: Kombination von Restriktionen.

1		CTA	CTA				
2	CTA	CTA	ST 3		Ausgebucht		
3		MinLOS 2	CTA	CTA / CTD	CTD		
4	MinLOS 3	CTA	Ausgebucht				
Do	**Fr**	**Sa**	**So**	**Mo**	**Di**	**Mi**	

Tabelle 3.12 zeigt unterschiedliche Kombinationen von Restriktionen auf verschiedenen Wochentagen. Im ersten Fall wurden Samstag und Sonntag für die Anreise geschlossen, das bedeutet, dass Anreisen über das Wochenende spätestens am Freitag anreisen müssen. Allerdings wäre eine Buchung am Freitag für nur eine Nacht möglich. Im Gegensatz zum MinLOS, welcher immer den darauffolgenden Tag stärkt, stärkt der CTA den vorangehenden Tag. In Zeile zwei wurde der CTA auf Freitag und Samstag gesetzt, eine Anreise müsste also spätestens am Donnerstag erfolgen. Etwas problematischer ist der stay through am Sonntag. Da der Dienstag ausgebucht ist, wäre eine Buchung ab Sonntag mit mindestens drei Nächten nicht mehr möglich. Um die Anforderung des stay through zu erfüllen, müsste eine Anreise daher am Samstag stattfinden, der jedoch für die Anreise gesperrt ist, ebenso wie der Freitag. Eine Anreise müsste also spätestens am Donnerstag erfolgen. Wenn sie dann den Sonntag noch inkludiert, sind das bereits vier Nächte, der ST 3 ist hier also wirkungslos und führt zu nur wenigen Buchungsmöglichkeiten. In Zeile drei ist ein MinLOS auf den Freitag gesetzt. Das würde bedeuten, dass Anreisen am Freitag mindestens zwei Nächte, also bis Sonntag bleiben müssten. Da Sonntag und Montag jedoch für die Abreisen gesperrt sind, müsste die Buchung bis Dienstag getätigt werden. Obwohl nur ein MinLOS 2 gesetzt wurde, wirkt die Kombination an Restriktionen also wie ein MinLOS 4, was eine unbeabsichtigt strenge Restriktion ist. In Zeile vier ist ein MinLOS 3 auf den

Donnerstag gesetzt, eine Anforderung, welche durch den ausgebuchten Samstag jedoch nicht mehr erfüllt werden kann. Da am Freitag auch keine Anreise zugelassen wird, sind Anreisen nur noch am Mittwoch möglich, falls hier keine weitere Restriktion gesetzt wurde. Es gilt also, stets den Überblick zu bewahren, welche Restriktionen an welchen Tagen gesetzt wurden und bei der Kombination von mehreren Restriktionen ebenfalls zu überlegen, ob das gewünschte Buchungsverhalten so erzeugt wird oder ob die Kombination zu strenge oder gar nicht erfüllbare Anforderungen an die Buchungen stellt.

Neben der Steuerung über die Verfügbarkeit der Immobilie an sich können auch einzelne Raten und Verfügbarkeiten in Kombination restriktiert werden. So kann beispielsweise das 5-Nächte-Special mit einem MaxLOS versehen werden, sodass es für maximal sieben Nächte gebucht werden kann. Damit würden längere Buchungen dieses Special nicht angezeigt bekommen und der Rabatt würde sich nicht unbegrenzt aufsummieren. Auch kann es denkbar sein, Rabatte wie beispielsweise den Frühbucherrabatt mit Restriktionen zu versehen, die unrabattierten Raten jedoch buchbar zu lassen.

Tab. 3.13: Kombination von Restriktionen und Raten.

Allgemein			CTA / CTD		
Frühbucher	MinLOS 3	MinLOS 3	CTA / CTD		
5-Nächte	MaxLOS 7	MaxLOS 7	CTA / CTD	MaxLOS 7	MaxLOS 7
	Do	**Fr**	**Sa**	**So**	**Mo**

Tabelle 3.13 zeigt beispielhaft, wie Raten und Restriktionen miteinander kombiniert werden können. Über alle Verfügbarkeiten ist der Samstag für An- und Abreise gesperrt, sodass für das Wochenende die Anreise immer spätestens am Freitag erfolgen muss und die Abreise frühestens am Sonntag möglich ist. Somit ist das Wochenende gesperrt für Buchungen mit nur einer Nacht. Die Frühbucherrate, welche ja einen Rabatt auf den regulären Preis gewährt, ist etwas stärker restriktiert. Auch hier ist am Samstag ein CTA gesetzt. Da dieser bereits allgemein gesetzt wurde, müsste er nicht separat für die Frühbucherrate gesetzt werden. In der Tabelle ist es jedoch zum besseren Verständnis doppelt aufgeführt. Im Gegensatz zu den allgemeinen Restriktionen ist für die Frühbucherraten jedoch neben der Anreise am Freitag auch ein Mindestaufenthalt von drei Nächten gefordert, sowohl für die Anreisen am Donnerstag als auch für jene am Freitag. Das 5-Nächte-Special beinhaltet ja bereits einen Mindestaufenthalt von fünf Nächten, hier wurde lediglich die Restriktion gesetzt, dass es für maximal sieben Nächte gebucht werden darf. Zu beachten ist hierbei, dass ein MaxLOS nicht verhindern kann, dass Anschlussbuchungen getätigt werden. Wenn ein Gast für zwei Wochen Aufenthalt anfragt, so würde ihm das 5-Nächte-Special mit dem MaxLOS von sieben Nächten nicht angezeigt, da die maximale Aufenthaltsdauer überschritten wäre. Wenn der Gast nun allerdings zwei Buchungen mit je sieben Nächten

tätigt, so würde er für beide Buchungen den Rabatt erhalten und könnte dennoch zwei Wochen bleiben, müsste allerdings die einmaligen Buchungs- bzw. Reinigungsgebühren doppelt bezahlen. In Zeiten, in denen ohnehin mit langen Aufenthalten gerechnet wird bzw. diese durch allgemeine Restriktionen gefordert werden, könnte man daher überlegen, das 5-Nächte-Special zu schließen. Wenn ohnehin alle Gäste während der Sommerferien mindestens sieben Nächte bleiben müssen, so ist ein Anreiz, mindestens fünf Nächte zu buchen, sinnbefreit und würde nur unnötig Rabatt gewähren, ohne eine Veränderung des Buchungsverhaltens zu erreichen.

Mit den Restriktionen aus Tabelle 3.13 würde eine Anfrage mit Anreise am Freitag und Abreise am Sonntag lediglich die allgemeinen, unrabattierten Preise angezeigt bekommen. Wird allerdings von Freitag bis Montag angefragt und findet die Anfrage innerhalb der Leadtime statt, in der das Frühbucherangebot verfügbar ist, so würden sowohl das Frühbucherangebot als auch die regulären Preise angezeigt. Die Regeln, welche Raten und Aufenthalte wie restriktiert sind, sollten Vermietende festhalten, um immer einen Überblick zu haben und bei unerwartetem Buchungseinbruch auch schnell zu wissen, welche Restriktionen ggf. gelockert werden müssten. Teilweise werden geforderte Mindestaufenthalte auch in Belegungskalender auf der Buchungsseite eingepflegt. Dies hat den Vorteil, dass die Gäste direkt bei der Buchung die Anforderungen an den Aufenthalt sehen und so ggf. einen längeren Aufenthalt anfragen, um Verfügbarkeiten angezeigt zu bekommen. Erhalten sie diese Information nicht, würden sie ggf. nur einen kürzeren Aufenthalt anfragen und, wenn sie dann keine Verfügbarkeit erhalten, davon ausgehen, dass die Wohnung ausgebucht ist, und sich eine Alternative suchen. Andererseits kann die Information, dass ein Mindestaufenthalt gefordert wird, auch zu Diskussionen mit Gästen führen, welche sich durch diese Forderung zu stark eingeschränkt fühlen, da sie ihren (kürzeren) Wunschaufenthalt nicht buchen können. Auch wenn aus kommunikationspolitischen Gründen entschieden wird, den Mindestaufenthalt nicht offen zu kommunizieren, so können Gäste diese Restriktion durch das testweise Anfragen unterschiedlicher Aufenthaltszeiträume herausfinden, wenn sie die Motivation dazu haben. Ebenfalls zu beachten ist, dass die Restriktionen auch bei Veränderung der Buchung greifen. Wenn eine Buchung mit einem Aufenthalt von fünf Nächten getätigt wurde und der Rabatt des 5-Nächte-Specials entsprechend angewendet wurde, so ist dieser rabattierte Preis an den Mindestaufenthalt von fünf Nächten gebunden. Wird die Buchung im Nachhinein auf vier Nächte verkürzt, so müsste der Preis auf den regulären, unrabattierten Preis angehoben werden. Um diese Regelung konsequent anzuwenden, hilft es, wenn aus der Buchung ersichtlich ist, welche Rabatte gewährt wurden auf Basis welcher Restriktionen. Dies kann entweder durch extra Ratencodes geschehen, dass also klar ersichtlich ist, dass eine spezielle Rate gebucht wurde. Alternativ kann auch eine Notiz in der Buchung hinterlegt werden. Sollten Restriktionen nicht häufig geändert werden, kann auch die kalendarische Übersicht der Restriktionen helfen nachzuvollziehen, welche Restriktionen für eine bestimmte Buchung greifen. So können auch Buchungen vermieden werden, bei denen Gäste versuchen, durch späteres Ändern der Buchung Restriktionen zu umgehen.

3.5 Steuerung nach Segmenten

Neben der Steuerung der Nachfrage über den Preis oder über die Verfügbarkeiten kann auch nach einzelnen Segmenten gesteuert werden. Das ist allerdings nur möglich, wenn die Segmente bei der Buchung klar zugewiesen werden können. Soll beispielsweise ein Special für Familien mit Babys oder Kleinkindern gemacht werden, nicht jedoch für Reisende mit Schulkindern oder Jugendlichen, so muss bei der Buchung das Alter der Kinder abgefragt werden, damit eine Regel installiert werden kann, wann das Angebot greift und wann nicht. Sollte die Alterserfassung bei der Online-Buchung technisch nicht möglich sein, so würde das Special nur bei direkten Buchungen über Telefon oder E-Mail angeboten werden, wenn das Alter der mitreisenden Kinder entsprechend erfragt werden kann. Um dennoch eine entsprechende Reichweite zu erzielen, sollte in diesem Fall aber eine entsprechende begleitende Kommunikation erfolgen, um auf die Aktion aufmerksam zu machen, ggf. verbunden mit dem Hinweis, dass diese Aktion nur über direkte Buchungskanäle buchbar ist.

Das Ziel der Steuerung nach Segmenten ist, dass möglichst optimales Buchungsverhalten erreicht wird. Während der Ferien ist die Nachfrage meist sehr hoch, während sie in den Wochen vorher und nachher eher gering ist. Es wäre nun wünschenswert, die Nachfrage etwas gleichmäßiger zu verteilen, um auch die Wochen außerhalb der Ferien besser auszulasten. Bei den Segmenten KS und KJ wird das aufgrund der Schulpflicht kaum möglich sein. Doch wenn diese Segmente ausschließlich in den Ferien buchen, könnte man versuchen, die übrigen Segmente dazu zu bewegen, außerhalb der Ferien zu buchen. Dafür kämen Reisende mit noch nicht schulpflichtigen Kindern oder auch Reisende ohne Kinder infrage. Um Reisenden mit kleineren Kindern einen Anreiz zu geben, außerhalb der Ferien zu buchen, bietet sich ein Rabatt an, welcher auf die Kinder bezogen ist. Beispielsweise könnte der Aufpreis für Kinder reduziert oder ganz weggelassen werden. So haben Reisende mit Kindern im entsprechenden Alter durch den Rabatt einen entsprechenden Anreiz. Andere Reisende würden den Rabatt nicht erhalten, da er rein auf die Kinder bezogen ist. Somit wäre ein „Fencing", also das Abschirmen des Rabatts gegen unberechtigte Zielgruppen, nicht nötig. Nötig wäre dies, wenn beispielsweise bei Anfragen mit Kindern ein Rabatt auf den gesamten Buchungswert gewährt wird. Je nachdem, wie hoch der Kinderaufschlag ist und wie hoch der Rabatt, könnten Reisende ohne Kinder bei der Buchung angeben, dass sie mit Kindern reisen, um den Rabatt zu erhalten. Die Rabattierung von Zeiträumen außerhalb von Ferien für kleine Kinder ist eine Möglichkeit, dieses Segment dazu zu bewegen, außerhalb der Ferien zu buchen. Das Gegenstück zu dieser Maßnahme wäre, die Buchungen in Ferienzeiten für Familien mit kleinen Kindern sehr unattraktiv zu machen. So könnte der Kleinkindaufschlag in den Ferienzeiten erhöht werden oder die Verfügbarkeit von Baby- und Kleinkindausstattung deutlich reduziert werden.

Neben Familien mit kleinen Kindern können auch Reisende ohne Kinder ggf. überzeugt werden, außerhalb der Ferien zu buchen. Neben allgemeinen Preisnachlässen, um die Nebensaisonzeiten attraktiver zu gestalten, könnten auch zusätzliche

Angebote speziell für die anzusprechende Zielgruppe kreiert werden. Beispielsweise könnten Eintrittskarten für Attraktionen der Region oder Ähnliches zusammen mit der Übernachtungsmöglichkeit angeboten werden. So könnten thematische Pakete beworben werden, welche potenziellen Reisenden als Inspiration dienen und Nachfrage generieren können. Dabei ist es nicht unbedingt ausschlaggebend, ob die zusätzlichen Leistungen für die Reisenden kostenfrei hinzugegeben werden oder in die Preise mit einkalkuliert werden, da die Kommunikation hier über die Leistung und nicht über den Preis erfolgt. Allerdings ist zu beachten, dass je nach Wert der hinzugefügten Leistung die Pauschalreiserichtlinie zur Anwendung kommen könnte und die angebotene Übernachtungsmöglichkeit in Zusammenhang mit anderen Services als Pauschalreise gelten könnte, wodurch bestimmte Vorschriften einzuhalten wären. Neben Eintrittskarten für Attraktionen könnten auch sonstige Leistungen beworben werden, welche vielleicht ohnehin angeboten werden, aber in der Hauptsaison kostenpflichtig sind. So wäre es denkbar, dass in der Nebensaison Fahrräder kostenfrei ausgeliehen werden können, während sie in der Hauptsaison kostenpflichtig sind. Durch die Rabattierung von Zusatzleistungen lassen sich schnell thematische Pakete schnüren, welche ohne massiven Preisnachlass einen Buchungsanreiz darstellen können. Hierfür ist es meist auch sinnvoll, Veranstaltungen und Angebote der Region genau zu kennen, um diese ggf. als Aufhänger für Buchungen in nachfrageschwachen Zeiten zu nutzen. Ebenfalls macht es Sinn, Gäste, welche in nachfrageschwachen Zeiten buchen, nach ihren Reisegründen zu fragen. So kann es über Silvester beispielsweise eine verstärkte Nachfrage von Reisenden mit Haustieren geben. Da in den Städten oft Feuerwerk gezündet wird, was Haustiere erschrecken kann, ziehen es einige Besitzer:innen vor, gemeinsam mit ihren Tieren über die Tage wegzufahren, um dem Feuerwerk auszuweichen. So kann die Tatsache, dass in der Nähe der Ferienimmobilie kein Feuerwerk gezündet wird (z. B. aufgrund eines Naturschutzgebietes), schon als Buchungsanreiz ausreichen.

Um zu prüfen, ob einzelne Segmentaktionen erfolgreich waren, kann neben den absoluten Buchungszahlen auch der Business-Mix betrachtet werden. Dieser gibt an, wie sich die Belegungstage oder auch der Umsatz eines Zeitraums auf die einzelnen Segmente verteilen. Wenn beispielsweise das Segment OJ bisher im November etwa 30 % der Belegungstage ausgemacht hat und nun eine Aktion gefahren wurde, um genau diese Zielgruppe dazu zu bewegen, im November zu buchen, so kann der Erfolg der Aktion anhand der Entwicklung dieses Anteils hergeleitet werden. Ist der Anteil der Belegungstage auf 45 % gestiegen, so scheint die Aktion erfolgreich gewesen zu sein. Ist der Anteil gesunken, war sie vermutlich nicht erfolgreich. Ist der Anteil bei 30 % geblieben, so kann das entweder dafürsprechen, dass die Aktion nicht erfolgreich war. Oder aber der Anteil wäre ohne die Aktion gesunken und ist dank der Aktion stabil geblieben. Um diesen Fall zu prüfen, können die Business-Mix-Anteile des Segments in den Monaten ohne Aktion mit dem Vorjahr verglichen werden. Ist grundsätzlich ein rückläufiger Trend erkennbar, so kann davon ausgegangen werden, dass auch im fraglichen Monat der Anteil ohne die Aktion zurückgegangen wäre; die Aktion hat dem entgegengewirkt und ist somit als erfolgreich zu beurteilen.

3.6 Steuerung nach Buchungskanälen

Im Kapitel 2.3 wurde bereits erläutert, dass unterschiedliche Buchungskanäle unterschiedliche Provisionen verlangen. Die vier (fiktiven) Portale, auf welchen die Freunde das Möwennest gelistet haben, sind unten dargestellt

Tab. 3.14: Beispielhafte Gebührenübersicht Portale.

Portal	Feste Gebühr/Jahr	Provision/Buchung	Gebühr für den Gast
Ferienfürmich	349,00 €	–	–
Zeitwohnung	–	3 %	14 %
Miethause	–	9 %	3 %
Miet'n Dream	–	15 %	–

Auch wenn alle Gäste den gleichen Preis bezahlen, macht es für den Vermietenden einen Unterschied, über welchen Kanal die Buchungen getätigt werden. Beim Ferienfürmich-Portal wird keine buchungsabhängige Gebühr fällig. Nach Ablauf eines Jahres kann man überprüfen, wie viele Buchungen oder Belegungstage über das Portal gebucht wurden, und dann die Jahresgebühr darauf umlegen. So kann man die Gebühren mit den übrigen Portalen vergleichen. Eine Schließung des Portals, um Buchungen auf andere Kanäle zu steuern, macht daher wenig Sinn – dann würden Buchungen über Ferienfürmich verdrängt und die Gebühr je Buchung bzw. Belegungstag wäre entsprechend höher. Bei den übrigen Portalen macht es Sinn, zu betrachten, welche Preise der Gast bezahlt und was letztendlich beim Vermietenden ankommt.

Tab. 3.15: Kalkulation der Kosten je Buchungsweg.

Buchungsweg	Gast bezahlt	Vermieter:in erhält	Differenz	Differenz in %
Direkt	360,00 €	360,00 €	–	0 %
Zeitwohnung	410,40 €	349,20 €	61,60 €	17 %
Miethause	370,80 €	327,60 €	43,20 €	12 %
Miet'n Dream	360,00 €	306,00 €	54,00 €	15 %

In Tabelle 3.15 sind die Gebühren beispielhaft für eine Buchungen von drei Nächten zu je 100,00 € zzgl. Einer Reinigungsgebühr von 60,00 € dargestellt. Bei einer direkten Buchung würde der Gast also 360,00 € bezahlen und der Vermietende 360,00 € erhalten. Bei einer Buchung über Zeitwohnung würde eine Provision in Höhe von 3 % des Buchungsbetrages, also 10,80 € fällig. Vermieter:innen würden demnach statt 360,00 € nur 349,20 € erhalten. Gleichzeitig müssten Gäste auf die 360,00 € einen Aufschlag von 14 % bezahlen, sie müssten also 410,40 € bezahlen. Bei Miethause müssten Gastgeber:innen 9 % von den 360,00 € abführen, also 32,40 €, sie würden also nur 327,60 € erhalten.

Gleichzeitig müssen die Gäste eine Gebühr von 3 % bezahlen, sie müssten also 370,80 € bezahlen. Bei Miet'n Dream schließlich müssen die Gäste keinen Aufschlag bezahlen, Vermietende müssten jedoch eine Provision in Höhe von 15 %, also 54,00 €, bezahlen und würden somit nur 306,00 € einnehmen.

Beim Vergleich der Portale wird deutlich, dass Vermietende vom Portal Zeitwohnung den höchsten Betrag bei einer Vermietung über Dritte, nämlich 349,20 €, erhalten würden. Allerdings verlangt dieses Portal auch die höchsten Gebühren, insgesamt 61,60 €, also 17 %. Manche Vermietende würden nun argumentieren, dass das Portal dennoch das wirtschaftlichste sei, da sie bei Buchungen über dieses Portal die höchsten Beträge erhalten würden. Allerdings ist auch die Zahlungsbereitschaft des Gastes mit einzukalkulieren. Scheinbar hatte der Gast hier eine Zahlungsbereitschaft von 410,40 €. Diese wurde durch die Gebühren des Portals ausgereizt. Würde das Portal geringere Gebühren verlangen, so könnten die Vermietenden ihre Preise erhöhen, um somit die Zahlungsbereitschaft voll auszureizen. Im kalkulierten Beispiel verlangt das Portal Miethause die geringsten Gebühren, es wird also die geringste Differenz zwischen Zahlungsbereitschaft des Gastes und Erlös des Vermietenden abgeführt. Noch deutlicher wird die Differenz der Portale, wenn nicht von einem festen Ausgangspreis gerechnet wird, sondern davon ausgegangen wird, dass Gäste über alle Portale hinweg den gleichen Preis bezahlen. Der Einfachheit halber kann hier ein bezahlter Preis von 100,00 € angenommen werden. Bei einer direkten Buchung würde der Gast also 100,00 € bezahlen und der Vermietende 100,00 € erhalten. Bei einer Buchung über Zeitwohnung wären die 100,00 €, die der Gast bezahlt, ja bereits inklusive des Aufschlages von 14 %, das bedeutet, die 100,00 € entsprechen 114 % des Buchungswertes. Teilt man nun die 100,00 € durch 114 %, erhält man den Buchungswert ohne Aufschlag, dieser entspricht 87,72 €. Von diesem Betrag müssen Vermieter noch 3 % abführen, also 2,63 €, es würden also 85,09 € übrig bleiben. Bei Miethause ist die Berechnung ähnlich. Die 100,00 € entsprechen 103 % des Buchungswertes, dieser liegt also bei 97,09 €. Von diesem Betrag müssen 9 % Provision abgeführt werden, was 8,74 € entspricht, es blieben also 88,35 € in der Kasse der Vermietenden übrig. Bei Miet'n Dream entsprechen die 100,00 € tatsächlich dem Buchungswert, davon werden jedoch 15 % Provision fällig. Es blieben also 85,00 € für den Vermietenden übrig. Die unterschiedlichen Einnahmen des Vermietenden bei jeweils gleicher Bezahlung durch den Gast sind in Tabelle 3.16 zusammengefasst.

Tab. 3.16: Unterschiedliche Einnahmen bei unterschiedlichen Buchungswegen.

Buchungsweg	Gast bezahlt	Vermieter:in erhält	Differenz	Differenz in %
Direkt	100,00 €	100,00 €	–	0 %
Zeitwohnung	100,00 €	85,09 €	14,91 €	15 %
Miethause	100,00 €	88,35 €	11,65 €	12 %
Miet'n Dream	100,00 €	85,00 €	15,00 €	15 %

Es wäre nun eine Möglichkeit, unterschiedliche Preise auf den unterschiedlichen Portalen anzubieten. Das wäre allerdings recht aufwendig in der Datenpflege, da dann alle Portale einzeln gepflegt werden müssten. In der Praxis wird die zu zahlende Provision oft einfach auf den Mietpreis aufgeschlagen, sodass die Portale die Wohnung teurer anbieten als die Eigentümer selbst. Da das Angebot von attraktiven Preisen zum Geschäftsmodell der Portale gehört, sehen diese es jedoch nicht gerne, wenn online günstigere Preise angeboten werden. Dadurch laufen sie Gefahr, dass Reisende das Vertrauen in die Portale verlieren und sich andere Buchungswege suchen. Online-Portale dürfen von Vermietern nicht verlangen, auf ihren Plattformen die günstigsten Preise anzubieten (Bestpreisklausel). Allerdings können sie die Preise auf ihrem Portal mit anderen, online verfügbaren Preisen vergleichen. Sollten sie hierbei feststellen, dass eine Immobilie über andere Buchungswege zu günstigeren Preisen angeboten wird, so gibt es unterschiedliche Strategien. Manche Portale schreiben die Vermietenden an und fordern sie dazu auf, den günstigeren Preis auch auf dem eigenen Portal anzubieten. Andere Portale laden diesen günstigeren Preis auf ihr eigenes Portal. Sollte ein Gast diesen Preis buchen wollen, so wird er zur Buchung auf die Ursprungsseite des günstigeren Preises weitergeleitet. Somit verdient das Portal an der Buchung zwar nicht, erhält sich jedoch das Vertrauen der Reisenden, stets die günstigsten Preise anzubieten. Die dritte Variante wäre, dass das Portal mit weniger Buchungen für dieses Objekt rechnet, da es nicht den günstigen Preis anbieten kann. Das Portal könnte also das Objekt in der Liste der Suchergebnisse weiter nach unten bzw. hinten sortieren, sodass es bei Suchanfragen nicht direkt oben erscheint. Eine Steuerung der Buchungsportale über unterschiedliche Preise scheint also nicht sonderlich vielversprechend für eine gewinnbringende Partnerschaft mit diesen Portalen. In Zeiten mit sehr starker Nachfrage könnte allerdings überlegt werden, Portale zu restriktieren. So könnten sie einfach geschlossen werden, sodass Buchungen nur noch über günstigere Buchungswege möglich sind. Auch eine Belegung mit Mindestaufenthalten oder das Angebot von Sonderraten ausschließlich über direkte Kanäle wäre eine Möglichkeit, Buchungen auf die eigene Seite zu locken. Auch hier ist Augenmaß gefragt. Eine Schließung an einzelnen Tagen oder Wochen ist ein anderes Vorgehen, als wenn auf einem Portal die kompletten Ferienzeiträume geschlossen werden, um Kosten zu sparen. Die Portale leben auch davon, dass sie Verfügbarkeit anbieten können. Wenn man ihnen diese Chance in der Hochsaison nimmt und nur in der Nebensaison auf Buchungen hofft, wäre es verständlich, wenn die Portale nicht viel Aufwand in die Vermarktung der Unterkunft investieren. Wie gegenüber den Portalen vorgegangen wird, liegt letztendlich im eigenen Ermessen jedes Vermieters. Wenn ein Portal jedoch ständig geschlossen wird, da die Kosten als zu hoch empfunden werden, macht es vielleicht mehr Sinn, den Vertrieb über dieses Portal ganz einzustellen. Im Idealfall wurden die Kosten natürlich vor dem Vertragsabschluss mit dem Portal betrachtet und die Entscheidung für den Vertrieb bewusst getroffen. Gleichzeitig sollte man die Gebühren, welche für Buchungen über Portale anfallen, stets im Hinterkopf behalten. Wenn ein Gast sich telefonisch meldet und nach der Preisauskunft sagt, er würde die Unterkunft auf einem Portal zu einem günstigeren Preis sehen, so ist die Antwort, dass er dann dort buchen soll, die denkbar schlechteste. In diesem Fall bucht er nicht nur einen günstigeren Preis, es werden auch noch Gebühren fällig, die ansonsten nicht angefallen wären. Wenn nachvollzogen werden kann, dass die Preise auf einem Portal tatsächlich günstiger sind, so sollte man diese günstigeren Preise dem Gast auf jeden Fall anbieten. Somit wird die Provision für ein Buchungsportal gespart und das Vertrauen des Gastes gefördert, dass er bei Direktbuchung die günstigsten Preise erhält. Im Nachhinein sollte direkt geprüft werden, wie die unterschiedlichen Preise zustande kamen, und der Fehler behoben werden.

Wie bereits erläutert, bieten Portale einen großen Mehrwert für Buchende. Buchende, welche sich auf Portalen eine Unterkunft aussuchen, werden vermutlich auch über diese Portale buchen, dafür haben Portale eine Vielzahl an Buchungsaufforderungen programmiert. Etwa eine Verknappung („nur noch drei auf unserer Seite") oder die Suggestion einer starken Nachfrage („10-mal in den letzten 24 Stunden gebucht") oder auch ein Pop-up-Fenster bei Inaktivität, welches zur Buchung auffordert („sichere dir jetzt den günstigen Preis"). Buchende von diesen Plattformen auf die eigene Website zu holen für die Buchung ist also eher schwierig. Allerdings kann versucht werden, die Gäste für zukünftige Buchungen dazu zu bewegen, direkt zu buchen. Dafür bietet sich der Aufenthalt der Gäste an, was oftmals der einzige direkte Kontakt ist. So können hier beispielsweise Wertgutscheine ausgehändigt werden, welche bei einer zukünftigen Buchung über einen direkten Kanal eingelöst werden können. Analog funktionieren auch die Kundenbindungsprogramme von Hotelketten: Bei Direktbuchung erhalten die Kunden Punkte, Meilen, Sterne oder Ähnliches, welche sie dann für zusätzliche Leistungen oder erneute Buchungen einsetzen können. Solche Programme machen meist erst ab einer gewissen Größe Sinn, damit Gäste realistische Chancen haben, Vorteile zu sammeln, und auch mehr Einlösungsmöglichkeiten. Wertgutscheine oder eine Freiübernachtung bei jedem fünften Aufenthalt oder Ähnliches lassen sich jedoch auch für kleinere Unternehmen ohne großen Aufwand umsetzen und können auch die Buchungen über direkte Kanäle fördern und Kunden binden. Gerade bei Ferienwohnungen ist ein hoher Anteil von Stammkunden zu verzeichnen. Diese sollten unbedingt zu Direktbuchungen animiert werden. Ein Direktbuchungsanteil von 50 bis 70 % der Belegungstage sollte angestrebt werden und ist aufgrund der Preisdifferenzen meist auch realistisch.

Unabhängig davon, ob immer alle Buchungskanäle offen gehalten werden oder aktiv die Verfügbarkeit verschiedener Kanäle gesteuert wird, sollte der Distributionsmix stets im Auge behalten werden. Er gibt an, welcher Anteil des Geschäfts über welchen Kanal getätigt wird. Dieser Anteil kann entweder anhand der Belegungstage oder anhand des generierten Umsatzes gemessen werden. Beide Auswertungen haben unterschiedliche Aussagekraft. Die Anzahl der Belegungstage lässt auf das Nachfragevolumen schließen. Wenn also ein Buchungskanal einen sehr hohen Anteil an Belegungstagen hat, so liegt das vermutlich daran, dass viele Gäste über diesen Kanal anfragen und buchen, was auf einen Kanal mit großer Bekanntheit bzw. Reichweite schließen lässt. Wenn ein Kanal einen hohen Anteil am Umsatz hat, so könnte dies auch mit vielen Belegungstagen zusammenhängen oder mit hohen gebuchten Raten. Es kann also sein, dass dieser Buchungskanal Gäste mit hoher Zahlungsbereitschaft anlockt, welche auch die höherpreisigen Tage buchen. Beide Aussagen sind wichtig, um die Wertigkeit der Buchungskanäle zu bewerten. Daher ist es meist sinnvoll, sich beide Auswertungen anzusehen.

Bei der Umsatzbetrachtung ist es von entscheidender Bedeutung, vergleichbare Umsätze auszuwählen. Je nach Buchungskanal werden Gebühren entweder direkt bei Buchung abgezogen, sodass nur der Umsatz ohne Distributionskosten bei den Vermietenden ankommt. Beim (fiktiven) Portal Zeitwohnung ist es beispielsweise so, dass die Zahlungsabwicklung komplett zwischen Portal und Gast erfolgt. Der Gast bezahlt also den vollen Betrag an das Portal, das Portal zieht die vereinbarten Gebühren entsprechend ab, Vermietende erhalten somit nur den Betrag ohne Distributionskosten. Im Beispiel aus Tabelle 3.16 würden also nur 85,09 € als Umsatz im PMS auflaufen. Teilweise wird hier auch von Nettoumsatz gesprochen, da die Distributionskosten komplett abgezogen sind. Da dieser Begriff jedoch auch für Umsatz ohne Mehrwertsteuer genutzt wird, kann diese Begrifflichkeit leicht zu Missverständnissen führen. Beim Portal Miet'n Dream zahlt der Gast grundsätzlich den vollen Betrag an die Unterkunft, das Portal stellt dann jeden Monat eine Rechnung über die fällige Kommission für die vermittelten Buchungen. Somit würden im PMS der Unterkunft 100,00 € auflaufen. Beim Portal Miethause können Gäste wählen, ob sie an das Portal oder die Unterkunft zahlen. Je nach Wahl des Gastes verbucht die Unterkunft dann den Betrag inklusive oder exklusive Distributionskosten, im Beispiel aus Tabelle 3.16 also entweder 100,00 € oder 88,35 €. Wenn die Umsatzbetrachtung nun rein auf den verbuchten Beträgen basieren würden, hätte das Portal Miet'n Dream vermutlich einen relativ hohen Anteil, da hier im PMS höhere Raten verbucht werden. Um die Umsätze wirklich vergleichbar zu machen, könnten also entweder jeweils die Beträge ausgerechnet werden, welche die Gäste bezahlt haben – hierfür müssten je Buchung die Gebühren der Portale aufgeschlagen werden. Damit wäre die Aussagekraft der Zahlungsbereitschaft der Gäste je Portal am stärksten, allerdings ist dieses Vorgehen auch recht aufwendig. Alternativ könnten jeweils nur jene Beträge verglichen werden, welche nach Abzug der Distributionskosten bei der Unterkunft ankommen. Dafür müssten von den verbuchten Umsätzen die jeweiligen Kommissionsrechnungen abgezogen werden. Dieses Vorgehen ist einfacher, da die Rechnungen vorliegen und die Beträge nicht manuell ausgerechnet werden müssen. Es ist somit nicht mehr vergleichbar, wie viel die Gäste über die Portale bezahlt haben, allerdings ist die Einnahmensicht eine sauberere. Ob bei den direkten Kanälen Homepage, Telefon und E-Mail auch Kosten für die Kanäle angesetzt werden, kommt auf die tatsächliche Nutzung an. Bei der eigenen Homepage (auch Internet Booking Engine – IBE) könnten die Gebühren für das Betreiben der Buchungsmöglichkeit angesetzt werden. Die allgemeinen Kosten für das Betreiben einer Homepage sollten nur angesetzt werden, wenn sie lediglich zu Buchungszwecken dient. Vermutlich hätte die Unterkunft jedoch auch eine Homepage, wenn man hierüber nicht buchen könnte – rein zur Information und Präsentation. In diesem Fall wären diese Kosten nicht direkt den IBE-Buchungen zuzuordnen. Ebenso verhält es sich mit den Kosten für Telefon und E-Mail, welche vermutlich vorrangig aus Personalkosten bestehen. Wenn die Mitarbeitenden ausschließlich Buchungen annehmen und verwalten, so könnten diese Kosten direkt zugeordnet werden und vom entsprechenden Umsatz abgezogen werden. Wenn die Mitarbeitenden jedoch auch viel Informations- und Beratungsarbeit leisten, entweder für Gäste, welche noch nicht gebucht haben (und auch nicht unmittelbar buchen), oder für Gäste, welche bereits über einen anderen Kanal gebucht haben, so sind diese Kosten auch nicht ausschließlich den direkten Kanälen zuzuordnen.

Um die exakten Kosten je Kanal zu analysieren, könnte jene Zeit gemessen werden, welche Mitarbeitende für Buchungen über Telefon oder E-Mail aufwenden müssen. Auch die Nachbearbeitung von Buchungen, die über die IBE oder Buchungsportale eingehen, müsste gemessen werden. So ließe sich ein Durchschnitt ermitteln, wie viele Minuten Arbeitszeit jede Buchung hervorruft. Diese Zeit könnte jetzt anhand der Personalkosten bewertet werden. Somit wären die Kanäle direkt vergleichbar, man spricht auch von der prozessorientierten Deckungsbeitragsrechnung, da hier je nach Buchungsprozess ausgerechnet wird, welcher Deckungsbeitrag für die Fixkosten der Unterkunft verbleibt. Die Messung der Zeiten je Buchung und die genaue Kalkulation der Personalkosten sind recht aufwendig, gleichzeitig werden sich die Werte vermutlich nicht drastisch verändern. Daher macht solch eine Analyse vermutlich höchstens jährlich Sinn, auch ein mehrjähriger Rhythmus wäre denkbar, um Aufwand und Nutzen in der Balance zu halten.

Abbildung 3.7 zeigt im oberen Kuchendiagramm den Distributionsmix nach Umsatz, im unteren Kuchendiagramm nach Belegungstagen. Es wird deutlich, dass beispielsweise Miethause 16 % der Belegungstage generiert, allerdings nur 13 % der Umsätze, hier scheinen also eher geringere Raten gebucht zu werden. Es könnte nun genauer untersucht werden, ob die Gäste über Miethause eher in der Nebensaison buchen oder sehr frühzeitig bzw. welches Buchungsverhalten sie sonst aufweisen, das zu diesen niedrigen Raten führt. Miet'n Dream wiederum bringt 8 % der Belegungstage, aber 9 % des Umsatzes, hier scheinen tendenziell höhere Raten gebucht zu werden. Auch hier könnte analysiert werden, welches Buchungsverhalten zu diesen Preisen führt – ggf. werden über Miet'n Dream eher kürzere Aufenthalte gebucht, was durch Gebühren, welche einmalig je Aufenthalt entstehen, zu höheren Raten führt. Über die Homepage werden tendenziell auch eher höhere Raten gebucht, dies könnte daran liegen, dass Stammgäste, die jedes Jahr über die Sommerferien kommen, direkt über die Homepage buchen, aber eben die teureren Ferienzeiträume. Telefonische Buchungen scheinen tendenziell zu geringeren Raten zu erfolgen, hier ist der Umsatzanteil etwas geringer als der Anteil an Belegungstagen. Dies könnte daran liegen, dass Gäste am Telefon gezielt auf Belegungslücken gelenkt werden, welche zu günstigeren Preisen vermietet werden. Die Analyse des Buchungsverhaltens je Kanal ist ein weiteres wichtiges Instrument, um den sinnvollen Einsatz der Kanäle zu steuern. Sollte sich zeigen, dass ein Kanal tatsächlich vorrangig kurzfristige Buchungen generiert, so könnte beispielsweise auf diesem Kanal ein Last-Minute-Special geschaltet werden, wenn kurzfristig noch Buchungen fehlen. Die Erfolgschancen wären hier wesentlich

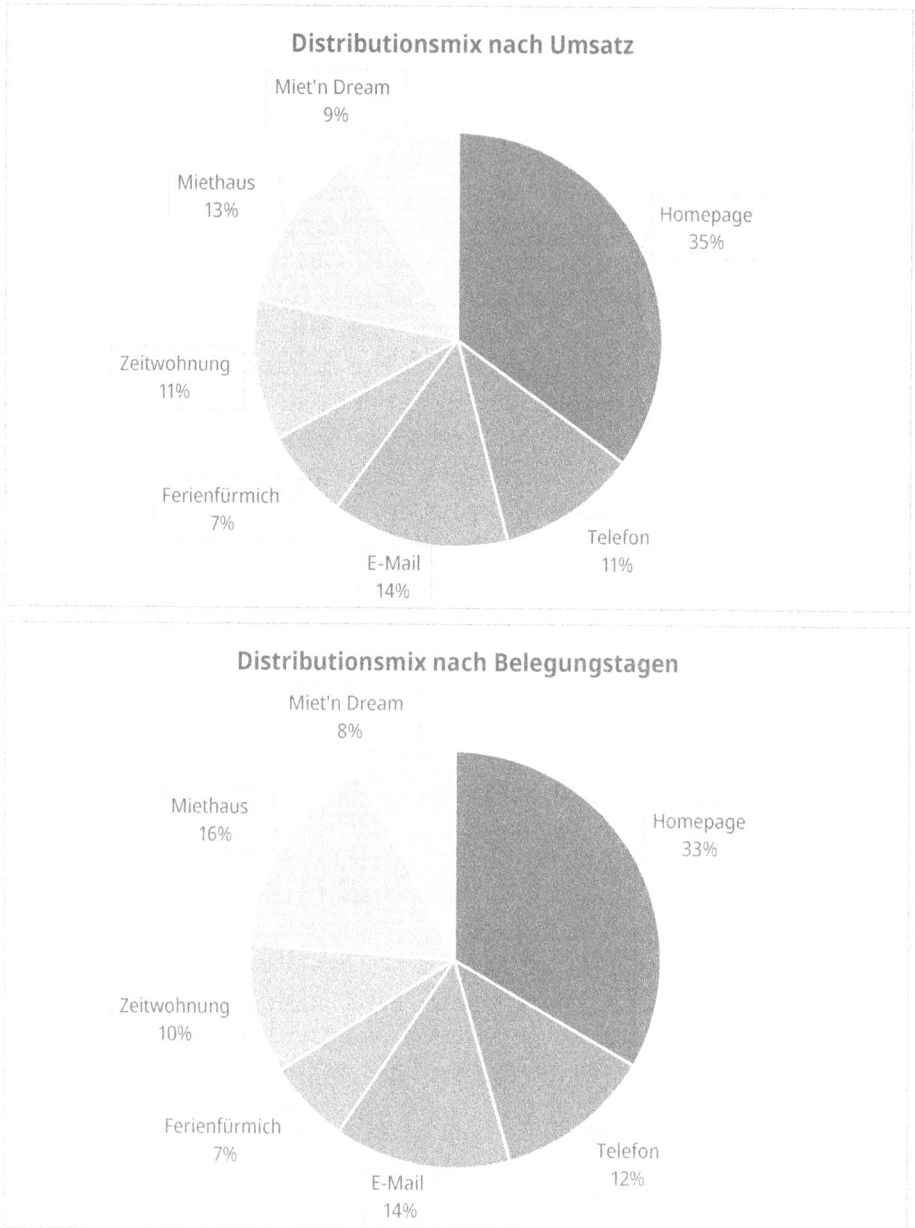

Abb. 3.7: Distributionsmix nach Umsatz und Belegungstagen.

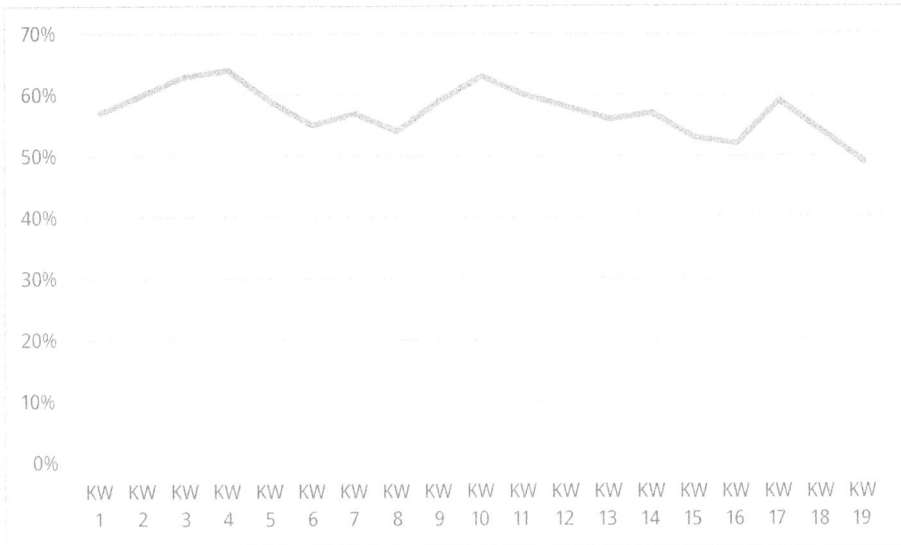

Abb. 3.8: Anteil Belegungstage direkter Buchungen.

höher als bei einem Kanal, über den eher langfristig gebucht wird – hier würde ein Frühbucherspecial vermutlich mehr Erfolg haben.

Die Verteilung auf die Buchungskanäle ändert sich meist nur wenig. Eine Auswertung ist daher monats- oder quartalsweise meist ausreichend, um Trends zu erkennen. Aufgrund der hohen Kosten von externen Buchungskanälen sollte jedoch regelmäßig deren Anteil bzw. der Anteil an direkten Buchungen betrachtet werden. So lassen sich Trends erkennen und ggf. frühzeitig gegensteuern, bevor die Distributionskosten überproportional steigen. Für diese Betrachtung können alle direkten Kanäle (Telefon, E-Mail, Homepage) zusammengefasst werden und deren Anteil an den Gesamtbuchungen über einen gewissen Zeitraum hinweg betrachtet werden. Abbildung 3.8 zeigt die Entwicklung des Anteils direkter Buchungen nach Kalenderwochen. Hierbei wird deutlich, dass der Anteil zwar schwankt, jedoch seit Jahresbeginn deutlich gesunken ist, zuletzt sogar auf unter 50 %.

Diese Entwicklung kann etwas mit der Saisonalität zu tun haben, ggf. buchen zur Nebensaison mehr Gäste direkt als zur Hauptsaison. Dann wäre zu überlegen, wie man dieses Buchungsverhalten ggf. zugunsten von direkten Buchungen ändern könnte. Oder aber die Kurve ist ein Hinweis auf einen Trend im Buchungsverhalten, weg von direkten Buchungen. Eine Fortsetzung dieses Trends würde zu erheblichen Mehrkosten bei der Distribution führen, daher sollte möglichst rasch überlegt werden, wie der Trend aufgehalten oder gar umgekehrt werden könnte.

4 Forecast und Budget

4.1 Nachfragekalender als Grundlage

Nachdem die Freunde aufgrund von mangelnden Sonderereignissen wie den Strandkonzerten in den ersten Monaten die Umsätze von Tante Irene im Vorjahr nicht erreichen konnten, läuft es im neuen Jahr sehr gut. Die Wette wurde stillschweigend fortgesetzt und die Osterferien waren umsatztechnisch ein voller Erfolg. Durch verschiedene Analysen verstehen die Freunde das Buchungsverhalten der Segmente und Kanäle immer besser und setzen durch das Yield Management gezielte Impulse, um die Nachfrage und das Buchungsverhalten so zu lenken, dass sie möglichst viele Belegungstage zu bestmöglichen Raten erzielen. Aufgrund dieser Erfolge sieht Salim einer entspannten Zeit entgegen. „Ach, ich liebe es einfach, wenn es läuft!", erklärt er, verschränkt die Arme hinterm Kopf und legt die Füße auf den Stuhl, der neben ihm steht. „Ihr hattet ja recht, die ganzen Analysen und Berechnungen und Entscheidungen waren in den letzten Wochen und Monaten vermutlich nötig. Aber jetzt läuft das Ding ja, wir machen mehr Umsatz als zuvor. Damit gewinnen wir die Wette gegen Tante Irene und können die Früchte unserer Arbeit ernten. Oh, Dolce Vita!" Seine gute Laune ist ansteckend, und auch Miriam und Katrin grinsen breit. Allerdings hat Katrin etwas andere Pläne: „Wenn wir jetzt wirklich mehr Umsatz machen, sollten wir den Gewinn, der übrig bleibt, nutzen und reinvestieren. Der Balkonbelag müsste erneuert werden, die Waschmaschine rumpelt in letzter Zeit auch komisch und die Küche bräuchte mal einen neuen Anstrich. Das sind doch Dinge, die wir jetzt angehen sollten, bevor die Gäste ausbleiben, weil alles auseinanderfällt." Miriam runzelt die Stirn: „Du hast ja recht, wir müssen auf jeden Fall in den Werterhalt der Wohnung investieren, alles andere wäre zu kurzfristig gedacht und nicht nachhaltig. Aber nur weil wir jetzt ein paar umsatzstarke Wochen hatten, sollten wir nicht gleich das Geld mit vollen Händen wieder ausgeben. Sollten wir Gewinne nicht erst mal auf die Seite legen und warten, bis wir genug beisammen haben für größere Investitionen?" „Ja, da magst du recht haben", stimmt Katrin zu, „aber Handwerker haben ja kurzfristig meistens keine Zeit, und auch der Balkonbelag und eine neue Waschmaschine haben ja Lieferzeiten. Wir müssen das ja nicht jetzt sofort machen, aber können wir es nicht irgendwie einplanen, sodass wir uns frühzeitig darum kümmern können? Wir brauchen dann ja auch ein paar Tage, in denen die Wohnung leer ist. Wenn wir darauf warten, dass wir genug Geld beisammenhaben, alle benötigten Dinge geliefert sind, Handwerker Zeit haben UND die Wohnung gerade frei ist, wird das nie was." „Das ist ein guter Punkt", meint Miriam und überlegt: „Wir müssten die Belegung und auch die Umsätze irgendwie planen. Gerade passiert das halt alles so und wir steuern über Preise, Segmente und Kanäle. Aber eine wirkliche Idee, was die Zukunft bringt, haben wir nicht. Vielleicht sollten wir da mal ansetzen."

Die von den Freunden angesprochene Planung ist ein elementarer Bestandteil des Revenue Managements: zum einen, um langfristige Entscheidungen, wie beispielsweise Investitionen, planen zu können, zum anderen, um frühzeitig Entscheidungen be-

https://doi.org/10.1515/9783111418933-005

züglich Maßnahmen zu treffen. Manche Ereignisse führen zu sehr langen Buchungsvorläufen. Wenn die Wohnung dann langfristig nicht buchbar ist oder die Preise noch nicht angepasst sind und die Wohnung zu günstig angeboten wird, so lassen sich diese Versäumnisse später meist nicht mehr oder nur sehr schwer korrigieren. Da die Preisdifferenzierung vorrangig von der erwarteten Nachfrage abhängt, beschließen die Freunde, zunächst die Nachfrage zu prognostizieren. Sie entscheiden sich für das nächste Kalenderjahr, um einen festen Zeitrahmen zu haben. Außerdem ist das noch so weit im Voraus, dass sie noch keine Buchungsanfragen erhalten haben, sie hätten also noch Zeit, Preise und Konditionen frei zu bestimmen. Da die Nachfrage zu Ferien und Feiertagen am höchsten ist, beschließen sie, zunächst diese Tage im Kalender zu markieren. Bei den Ferien nutzen sie die unterschiedliche Feriendichte (FD) und tragen diese ein. Ebenfalls informieren sie sich über Veranstaltungen, welche in der Umgebung stattfinden werden, um diese ebenfalls zu berücksichtigen. Um hier keine Veranstaltung zu übersehen, leisten sie „Detektivarbeit" in den Vorjahren, ähnlich wie sie es bei den Strandkonzerten getan hatten.

Tabelle 4.1 zeigt beispielhaft einen Ausschnitt des ersten Nachfragekalenders, welchen die Freunde angefertigt haben. Somit haben sie schon einen guten ersten Überblick, wie die Feiertage im kommenden Jahr liegen, wie die Ferien sich verteilen und welche Veranstaltungen bereits geplant sind. Im nächsten Schritt möchten sie nun die Nachfrage planen, um danach später die Preise festzulegen. Sehr zum Leidwesen von Salim machen sie sich wieder daran, alle erhaltenen Anfragen, auch jene, die sie ablehnen mussten, für die einzelnen Veranstaltungen herauszusuchen. Glücklicherweise hatte Tante Irene ein gutes Ablagesystem und hat auch oft mit Warteliste gearbeitet, sodass sie diese Aufzeichnungen finden. Bei den Feiertagen können sie teilweise direkt auf die Vorjahreswerte zurückgreifen, etwa wenn Feiertage wie Christi Himmelfahrt, Fronleichnam oder Pfingsten immer auf die gleichen Wochentage fallen. Hier muss beim Vorjahresvergleich lediglich darauf geachtet werden, die jeweils gleichen Wochentage miteinander zu vergleichen. Bei den Feiertagen, welche auf unterschiedliche Wochentage fallen, wie etwa der 1. Mai, suchen sie ein Jahr, das vergleichbar ist, also etwa die gleiche Anzahl an Brückentagen hatte. Fällt der 1. Mai auf ein Wochenende, wird vermutlich kaum zusätzliche Nachfrage generiert. Liegt der 1. Mai an einem Montag oder Freitag, so wird die Wochenendnachfrage durch den zusätzlichen Tag verlängert und teilweise auch verstärkt, da mehr Menschen die Zeit zum Verreisen nutzen. Noch verstärkt wird dieser Effekt, wenn der Feiertag auf einem Dienstag oder Donnerstag liegt, da dann mit einem Brückentag eine Reise über mehrere Tage möglich ist. Ist der Feiertag jedoch ein Mittwoch, so ist die Nachfrage etwas schwächer – scheinbar sind weniger Menschen bereit, zwei Brückentage für ein verlängertes Wochenende zu nehmen. Ähnlich wie bei den datumsgebundenen Feiertagen versuchen die Freunde auch für die Ferien möglichst vergleichbare Zeiträume in Bezug auf die Feriendichte zu finden. Sie suchen also in den vergangenen Jahren nach der etwa gleichen Feriendichte für die jeweiligen Ferien und vergleichen hier die Nachfrage. So teilen die Freunde den Kalender ein nach Zeiträumen mit hoher, mittlerer oder niedriger Nachfrage. Sie nutzen dafür ein Ampelsystem, um

Tab. 4.1: Nachfragekalender April bis Juli, 1. Schritt.

April			Mai			Juni			Juli		
Tag	Ereignisse	FD	Tag	Ereignisse	FD	Tag	Ereignisse	FD	Tag	Ereignisse	FD
Mo 1			Mi 1	Feiertag		Sa 1			Mo 1		10 %
Di 2			Do 2	Brückentag		So 2			Di 2		10 %
Mi 3			Fr 3	Blütenfest		Mo 3			Mi 3		10 %
Do 4			Sa 4	Blütenfest		Di 4			Do 4		20 %
Fr 5			So 5	Blütenfest		Mi 5			Fr 5	Konzert	20 %
Sa 6			Mo 6			Do 6			Sa 6		20 %
So 7			Di 7			Fr 7			So 7		20 %
Mo 8		23 %	Mi 8			Sa 8			Mo 8		34 %
Di 9		23 %	Do 9			So 9	Pfingsten	71 %	Di 9		34 %
Mi 10		23 %	Fr 10	Surf-Festival		Mo 10	Pfingsten	29 %	Mi 10		34 %
Do 11		23 %	Sa 11	Surf-Festival		Di 11		29 %	Do 11		34 %
Fr 12		27 %	So 12	Surf-Festival		Mi 12		29 %	Fr 12		34 %
Sa 13		27 %	Mo 13			Do 13		29 %	Sa 13		34 %
So 14		27 %	Di 14			Fr 14	Johannimarkt	29 %	So 14		34 %
Mo 15		93 %	Mi 15			Sa 15	Johannimarkt	29 %	Mo 15		56 %
Di 16		93 %	Do 16	Klassiktage		So 16	Johannimarkt	29 %	Di 16		
Mi 17		93 %	Fr 17	Klassiktage		Mo 17		29 %	Mi 17		56 %
Do 18		93 %	Sa 18			Di 18		29 %	Do 18		56 %
Fr 19	Karfreitag	98 %	So 19			Mi 19		29 %	Fr 19	Beachvolley	56 %
Sa 20	Karsamstag	82 %	Mo 20			Do 20	Fronleichnam	29 %	Sa 20	Beachvolley	56 %
So 21	Ostersonntag	82 %	Di 21			Fr 21	Strandkonzert	29 %	So 21	Beachvolley	56 %
Mo 22	Ostermontag	82 %	Mi 22			Sa 22	Strandkonzert		Mo 22		56 %
Di 23		75 %	Do 23			So 23	Strandkonzert		Di 23		56 %
Mi 24		75 %	Fr 24			Mo 24	Strandkonzert		Mi 24		56 %
Do 25		73 %	Sa 25			Di 25	Strandkonzert		Do 25		65 %

April			Mai			Juni			Juli		
Fr 26	Markt	73%	So 26			Mi 26	Strandkonzert		Fr 26	Weinfest	65%
Sa 27	Markt	35%	Mo 27			Do 27	Strandkonzert		Sa 27	Weinfest	65%
So 28	Markt		Di 28			Fr 28	Strandkonzert		So 28	Weinfest	65%
Mo 29			Mi 29			Sa 29	Strandkonzert	10%	Mo 29		71%
Di 30	Maifeuer		Do 30	Himmelfahrt		So 30	Strandkonzert	10%	Di 30		71%
			Fr 31	Brückentag					Mi 31		71%

Tab. 4.2: Nachfragekalender April bis Juni, fertiggestellt.

April			Mai			Juni			Juli		
Tag	Ereignisse	FD	Tag	Ereignisse	FD	Tag	Ereignisse	FD	Tag	Ereignisse	FD
Mo 1			Mi 1	Feiertag		Sa 1			Mo 1		10%
Di 2			Do 2	Brückentag		So 2			Di 2		10%
Mi 3			Fr 3	Blütenfest		Mo 3			Mi 3		10%
Do 4			Sa 4	Blütenfest		Di 4			Do 4		20%
Fr 5			So 5	Blütenfest		Mi 5			Fr 5	Konzert	20%
Sa 6			Mo 6			Do 6			Sa 6		20%
So 7			Di 7			Fr 7			So 7		20%
Mo 8		23%	Mi 8			Sa 8			Mo 8		34%
Di 9		23%	Do 9			So 9	Pfingsten		Di 9		34%
Mi 10		23%	Fr 10	Surf-Festival		Mo 10	Pfingsten	71%	Mi 10		34%
Do 11		23%	Sa 11	Surf-Festival		Di 11		29%	Do 11		34%
Fr 12		27%	So 12	Surf-Festival		Mi 12		29%	Fr 12		34%
Sa 13		27%	Mo 13			Do 13		29%	Sa 13		34%

Tab. 4.2 (fortgesetzt)

April Tag	Ereignisse	FD	Mai Tag	Ereignisse	FD	Juni Tag	Ereignisse	FD	Juli Tag	Ereignisse	FD
So 14		27 %	Di 14			Fr 14	Johannimarkt	29 %	So 14		34 %
Mo 15		93 %	Mi 15			Sa 15	Johannimarkt	29 %	Mo 15		56 %
Di 16		93 %	Do 16	Klassiktage		So 16	Johannimarkt	29 %	Di 16		56 %
Mi 17		93 %	Fr 17	Klassiktage		Mo 17		29 %	Mi 17		56 %
Do 18		93 %	Sa 18			Di 18		29 %	Do 18		56 %
Fr 19	Karfreitag	98 %	So 19			Mi 19		29 %	Fr 19	Beachvolley	56 %
Sa 20	Karsamstag	82 %	Mo 20			Do 20	Fronleichnam	29 %	Sa 20	Beachvolley	56 %
So 21	Ostersonntag	82 %	Di 21			Fr 21	Strandkonzert	29 %	So 21	Beachvolley	56 %
Mo 22	Ostermontag	82 %	Mi 22			Sa 22	Strandkonzert		Mo 22		56 %
Di 23		75 %	Do 23			So 23	Strandkonzert		Di 23		56 %
Mi 24		75 %	Fr 24			Mo 24	Strandkonzert		Mi 24		56 %
Do 25		73 %	Sa 25			Di 25	Strandkonzert		Do 25		65 %
Fr 26	Markt	73 %	So 26			Mi 26	Strandkonzert		Fr 26		65 %
Sa 27	Markt	35 %	Mo 27			Do 27	Strandkonzert		Sa 27	Weinfest	65 %
So 28	Markt		Di 28			Fr 28	Strandkonzert		So 28	Weinfest	65 %
Mo 29			Mi 29			Sa 29	Strandkonzert	10 %	Mo 29	Weinfest	71 %
Di 30	Maifeuer		Do 30	Himmelfahrt		So 30	Strandkonzert	10 %	Di 30		71 %
			Fr 31	Brückentag					Mi 31		71 %

direkt auf den ersten Blick erkennbar zu machen, wann sie mit welcher Nachfrage rechnen. So können beispielsweise Termine für Handwerker sehr einfach gefunden werden, da diese nur in den Bereich mit geringer Nachfrage fallen sollten. Auch wann sie selbst oder Tante Irene die Wohnung belegen, sollte idealerweise in die Zeiten mit geringer Nachfrage fallen. Salim ist damit nicht einverstanden – schließlich möchte er die Wohnung auch nutzen, wenn schönes Wetter ist oder spannende Veranstaltungen stattfinden. Miriam ist entsetzt, schließlich würden sie dann doch genau in diesen Zeiträumen die Nachfrage von zahlenden Gästen verdrängen. Schließlich einigen sie sich darauf, dass sie ausrechnen, wie viel Umsatz sie in Zeiten mit hoher oder mittlerer Nachfrage durch eine Eigenbelegung verdrängen würden, und darauf basierend die Entscheidung im Einzelfall treffen, je nachdem wie dringend sie Umsatz oder Urlaub benötigen. Tabelle 4.2 zeigt den nun fertiggestellten Nachfragekalender der Freunde. Je dunkler die Einfärbung, desto stärker die Nachfrage.

Die Einschätzung der Nachfrage kann mitunter etwas abstrakt wirken, ist aber ein wichtiges Vorgehen, um die einzelnen Tage voneinander abzugrenzen. Würde man eine Einteilung beispielsweise rein nach der Belegung des Vorjahres vornehmen, so gäbe es nur zwei Farben: belegt und nicht belegt. Ob hinter einer Belegung nun eine Buchungsanfrage stand oder mehr Menschen die Wohnung angefragt bzw. für diesen Zeitraum eine Unterkunft gesucht haben, würde nicht beachtet werden. Für die Planung der Preise ist die Abstufung der Nachfrage jedoch sehr wichtig, daher sollte sie so genau wie möglich eingeschätzt werden – eine hundertprozentige Genauigkeit ist bei einer Vorhersage zukünftiger Zustände vermutlich nie erreichbar.

4.2 Planung der Raten

Nachdem der Nachfragekalender für das gesamte kommende Jahr erstellt ist, werden die Raten entsprechend geplant. Hierbei gehen die Freunde ähnlich vor wie bei der Differenzierung der Preise, die in Kapitel 3.2 beschrieben ist. Der Nachfragekalender zeigt nur drei unterschiedliche Nachfragestufen, bei den Preisen kann hier stärker differenziert werden. Für das nächste Jahr wollen die Freunde die Preise etwas erhöhen, der höchste Preis soll daher statt wie bisher bei 290,00 € bei 320,00 € liegen. Auf Basis der Kostenkalkulation möchten sie die Wohnung an keinem Tag günstiger als zu 150,00 € anbieten. Den etwa mittleren Preis hatten sie laut Marktanalyse mit etwa 230,00 € kalkuliert. Da sie auch hier von einer Preissteigerung im Markt ausgehen, beschließen sie, dass er auf 245,00 € steigen soll. Nun haben sie den Preisrahmen für das kommende Jahr festgelegt und können somit Preiskorridore für die jeweilige Nachfragesituation definieren (vgl. Tabelle 4.3).

Die Freunde diskutieren noch ein wenig, ob sie aus preispsychologischen Gründen die Preise jeweils um 1,00 € absenken sollten, sodass die günstigste Rate bei 149,00 € statt bei 150,00 € liegen würde. Die Preise würden so geringer erscheinen und dadurch vielleicht mehr Nachfrage generieren. Allerdings empfinden manche

Tab. 4.3: Preiskorridore je Nachfragesituation.

Nachfrage	Gering	Mittel	Stark
Preiskorridor	150,00 € bis 209,00 €	210,00 € bis 279,00 €	280,00 € bis 320,00 €

Menschen diese Taktik als Verschleierung bzw. verbinden einen Preis mit 9er-Endung mit Discounter-Preisen oder Rabatten. Nach einiger Zeit beschließen die Freunde, dass sie die Preise bei den glatten Rundungen belassen. Durch Specials wie prozentuale Rabatte, Tourismusabgaben mit Cent-Endungen und prozentualen Aufschlägen der Portale würden die Preise ohnehin keine glatte Endung bekommen. Ein preispsychologisches Absenken würde daher ggf. ohnehin wieder zunichtegemacht. Erst überlegen sie, ob sie die Raten auch mit in den Nachfragekalender eintragen sollen. Aus Gründen der Übersichtlichkeit beschließen sie jedoch, ein separates Dokument anzulegen. Dieses soll die wichtigsten Elemente des Nachfragekalenders enthalten, aber eben nicht so detailliert sein, sondern mehr Platz für die Preisinformationen lassen.

Der Nachfragekalender ist so formatiert, dass er gut ausgedruckt werden kann. Allerdings ist so nach jedem Monat ein Umbruch. Für die Ratenplanung haben die Freunde beschlossen, eine durchgehende Liste zu wählen, damit die Monatsumbrüche nicht so stark ins Gewicht fallen. Tabelle 4.4 zeigt beispielsweise den Juni. Da der Mai nicht gezeigt wird, ist hieraus nicht ersichtlich, dass der 1. Juni der Samstag nach Christi Himmelfahrt ist, also kein gewöhnliches Wochenende. Der Nachfragekalender ist zudem relativ statisch, da es sich nur um eine grobe Einschätzung der Nachfrage handelt und die Ferien und Feiertage weit im Voraus feststehen. Die Ratenplanung muss jedoch ggf. unterjährig angepasst werden, daher ist eine digitale Version in einem Tabellenverarbeitungsprogramm praktischer als ein ausgedrucktes Papier. Neben dem festgelegten Preis je nach Nachfrage haben die drei auch entschieden, welchen Rabatt sie bei der Frühbucherrate gewähren möchten, und in der letzten Spalte ausgerechnet, wie hoch der Preis mit Rabatt dann noch ist. Miriam hat die Tabelle so verformelt, dass sich dieser Preis automatisch ausrechnet. Zudem – und darauf ist sie sehr stolz – werden die letzten beiden Spalten nur dann mit Zahlen angezeigt, wenn die Frühbucherrate noch buchbar ist. Ist der Zeitraum bis zur Anreise kürzer, sodass diese Rate nicht mehr verfügbar ist, sind die letzten beiden Spalten leer, und nur der reguläre Preis ist zu sehen. So ist auf den ersten Blick ersichtlich, welches der jeweils günstigste Preis ist, der an diesem Tag angeboten wird. Bei den rabattierten Preisen stellen die Freunde nun jedoch fest, dass durch niedrige Ausgangspreise in Verbindung mit hohen Rabatten ihre gewünschte Preisuntergrenze von 150,00 € an einigen Tagen unterschritten wird. Sie überlegen, ob sie den Rabatt anpassen sollen, z. B. nur 10 % Rabatt gewähren an Tagen mit sehr niedrigen Ausgangspreisen. Alternativ könnten sie auch die Ausgangspreise erhöhen. Sie entschließen sich dafür, die Ausgangspreise zu erhöhen und den Rabatt gleich zu lassen. Durch den höheren Rabatt erhoffen sie sich einen stärkeren Buchungsanreiz. Daher setzen sie die Preise in nachfrageschwachen Zeiten auf mindestens 180,00 €, sodass die Wohnung inklusive 15 % Rabatt

Tab. 4.4: Ratenplanung am Beispiel Juni.

Datum	Tag	Ereignis	Nachfrage	*Beleg.*	Preis	Rabatt 1	Preis m. R.
01.06.	Sa		Stark	1	320,00 €	5 %	304,00 €
02.06.	So		Mittel	1	230,00 €	10 %	207,00 €
03.06.	Mo		Schwach	1	170,00 €	15 %	144,50 €
04.06.	Di		Schwach		160,00 €	15 %	136,00 €
05.06.	Mi		Schwach		160,00 €	15 %	136,00 €
06.06.	Do		Schwach		180,00 €	15 %	153,00 €
07.06.	Fr		Schwach	1	190,00 €	15 %	161,50 €
08.06.	Sa		Stark	1	310,00 €	5 %	294,50 €
09.06.	So	Pfingsten	Stark	1	310,00 €	5 %	294,50 €
10.06.	Mo	Pfingsten	Mittel	1	220,00 €	10 %	198,00 €
11.06.	Di		Schwach		180,00 €	15 %	153,00 €
12.06.	Mi		Schwach		180,00 €	15 %	153,00 €
13.06.	Do		Schwach		180,00 €	15 %	153,00 €
14.06.	Fr	Johannimarkt	Mittel	1	250,00 €	10 %	225,00 €
15.06.	Sa	Johannimarkt	Mittel	1	260,00 €	10 %	234,00 €
16.06.	So	Johannimarkt	Schwach	1	190,00 €	15 %	161,50 €
17.06.	Mo		Schwach	1	170,00 €	15 %	144,50 €
18.06.	Di		Schwach		160,00 €	15 %	136,00 €
19.06.	Mi		Schwach		170,00 €	15 %	144,50 €
20.06.	Do	Fronleichnam	Stark	1	300,00 €	5 %	285,00 €
21.06.	Fr	Strandkonzert	Stark	1	320,00 €	5 %	304,00 €
22.06.	Sa	Strandkonzert	Stark	1	320,00 €	5 %	304,00 €
23.06.	So	Strandkonzert	Stark	1	310,00 €	5 %	294,50 €
24.06.	Mo	Strandkonzert	Stark	1	300,00 €	5 %	285,00 €
25.06.	Di	Strandkonzert	Stark	1	290,00 €	5 %	275,50 €
26.06.	Mi	Strandkonzert	Stark	1	280,00 €	5 %	266,00 €
27.06.	Do	Strandkonzert	Stark	1	300,00 €	5 %	285,00 €
28.06.	Fr	Strandkonzert	Stark	1	320,00 €	5 %	304,00 €
29.06.	Sa	Strandkonzert	Stark	1	320,00 €	5 %	304,00 €
30.06.	So	Strandkonzert	Schwach	1	190,00 €	15 %	161,50 €

immer noch 153,00 € kostet. Wenn die Frühbucherrate nicht mehr verfügbar ist, die Wohnung dann also nur noch zu 180,00 € verkauft werden würden, können sie diesen Preis wieder absenken.

Im Laufe der Zeit erweitern die drei Freunde die Tabelle noch dahingehend, dass sie auch die gesetzten Restriktionen wie Mindestaufenthalte, CTA und welche Kanäle geschlossen wurden eintragen können. So haben sie stets den Überblick, was gerade verkauft wird. Sollten beispielsweise eines Tages zwei Portale unterschiedliche Preise anzeigen, so können sie anhand der Ratenplanung leicht nachvollziehen, was der gewünschte Preis ist, und so den Fehler schneller finden. Auf die Darstellung der kompletten Tabelle musste hier aus Platzgründen leider verzichtet werden.

4.3 Planung der Umsätze

Nachdem Salim, Katrin und Miriam nun die Preise und Rabatte für das komplette nächste Jahr festgelegt haben, möchten sie gern die Umsätze planen. Dafür haben sie in der Tabelle Ratenplanung schon eingetragen, an welchen Tagen sie mit einer Belegung rechnen und an welchen nicht. Allerdings ist Miriam hiermit nicht zufrieden. Sie versuchen ja durch attraktive Preise die Nachfrage auch auf die schwachen Tage zu lenken, das spiegelt sich in der Planung so nicht wider. Aktuell sieht die Planung vor, dass die Wohnung an vielen Tagen mit schwacher Nachfrage nicht belegt ist. Katrin denkt eher in die andere Richtung: „Aktuell planen wir an den Tagen mit starker Nachfrage mit voller Belegung der Wohnung. Diese Tage sind aber durch die Preise sehr hoch bewertet. Wenn die Wohnung auch nur eine Nacht zu so einem hohen Preis leer steht, müssen wir fast zwei Nächte in nachfrageschwachen Zeiten verkaufen, um das wieder auszugleichen." Salim ist etwas genervt: „Och Mann, wir sind hier Vermieter einer Ferienwohnung, kein Orakel. Wir wissen nicht, wann die Wohnung genau zu welchem Preis vermietet wird – woher denn auch? Vielleicht verkaufen wir mehr Nächte zu nachfrageschwachen Zeiten durch unsere Steuerung, vielleicht auch weniger zu starken Tagen, da die Nachfrage dann doch nicht so stark ist wie erwartet. Und vielleicht gleicht sich auch alles wieder aus. Da würde es doch reichen, wenn wir einen Mittelwert ausrechnen. Ob wir den dann durch viele Belegungstage zu niedrigen Raten oder weniger Tage, aber zu höheren Raten erzielen, ist doch letztendlich egal, oder?"

Die Diskussion der Freunde zeigt die Schwierigkeit der Planung, wenn es keine Abstufungen gibt, sondern nur belegt oder nicht belegt, nur 0 % oder 100 %, dazwischen nichts. Jede Nacht, die sie falsch prognostizieren, stellt daher eine Abweichung um 100 % dar. Daher ist die Idee von Salim, einen pragmatischeren Mittelwegansatz zu finden, durchaus beachtenswert. Aktuell rechnen sie mit 22 Belegungstagen im Juni. Um zu bewerten, ob diese Prognose realistisch ist, betrachten sie die Belegungstage im Juni der vergangenen Jahre. Diese schwanken stark zwischen 15 und 24 Tagen. Allerdings waren auch kaum zwei Jahre identisch. In jedem Jahr fielen unterschiedlich viele Wochenenden und Feiertage in den Juni, auch die Veranstaltungen wie die Strandkonzerte fanden nicht in jedem Jahr statt. Wenn sie das kommende Jahr allerdings mit den vergangenen Jahren vergleichen, so gehen sie davon aus, dass es ein tendenziell starkes Jahr wird, da sie mit Pfingsten und Fronleichnam zwei Feiertage im Juni haben. Dadurch, dass die Strandkonzerte über das Fronleichnamswochenende stattfinden, bescheren die Konzerte über das Wochenende zwar keine zusätzlichen Übernachtungen, unter der Woche jedoch schon. Sie gehen also davon aus, dass 22 Belegungstage vermutlich eine vorsichtig optimistische Schätzung sind. Da sie jedoch die Preise auch deutlich angehoben haben, möchte sie bei den Tagen lieber vorsichtig bleiben und nicht mit 23 oder 24 Tagen rechnen. Nachdem sie nun die Menge an Belegungstagen geplant haben, überlegen sie, welche Raten nun tatsächlich gebucht werden. Um das genau zu berechnen, müssten sie einerseits wissen, an welchen Tagen genau die Belegungstage liegen und ob an diesen Tagen der reguläre Preis oder der Frühbucherpreis gebucht wird. Oder auch, ob die Preise vor der Buchung nochmals angepasst wurden. Da diese Unwägbarkeiten eine genaue Prognose fast unmöglich machen, kann eine Näherung mithilfe von Mittelwerten hilfreich sein. Da die Preise weit auseinanderliegen, macht es hier wieder Sinn, den Median zur Berechnung des Mittelwertes heranzuziehen. Der Median der regulären Preise liegt bei 240,00 €, der Median der Frühbucherraten bei 216,00 €. Um abzuschätzen, welche Raten nun wie häufig gebucht werden, könnte auf Vergangenheitswerte zurückgegriffen werden. Da sie die Frühbucherrate jedoch erst eingeführt haben, als schon einige Buchungen für Juni getätigt waren, sind diese Werte aktuell noch nicht belastbar. Sie gehen daher davon aus, dass, wenn die Frühbucherrate verfügbar ist, diese üblicherweise auch gebucht wird. Ob die Rate verfügbar ist, hängt davon ab, wann die Buchung erfolgt ist. Die Frühbucherrate ist nur für Buchungen verfügbar, welche spätestens vier Monate vor Anreise getätigt werden. Hier wiederum können sie auf die Vorjahreswerte zurückgreifen. Diese lassen erkennen, dass etwa 70 % der Buchungen für Juni vier Monate oder länger vor Anreise gebucht werden. Daher nehmen sie an, dass dies auch dieses Jahr wieder in etwa so sein wird. Demnach würden 70 % von 22 Nächten, also 15,4 Nächte, zur Frühbucherrate gebucht, 30 %, also 6,6 Nächte, zur regulären Rate, da die Frühbucherrate dann nicht mehr verfügbar ist.

Neben der gebuchten Rate spielen auch die Aufenthaltsdauer und der Buchungsweg eine Rolle dabei, wie viel Umsatz generiert wird. Da einige Gebühren, wie Buchungs- oder Reinigungsgebühr nur einmalig je Aufenthalt anfallen, ist die Durchschnittsrate bei kürzeren Aufenthalten höher (vgl. Kapitel 1.4). Um zu kalkulieren, auf wie viele Buchungen sich die Belegungstage verteilen, kann die durchschnittliche Aufenthaltsdauer zu Hilfe genommen werden. Im Idealfall liegt diese aus der Vergangenheit für den jeweiligen Monat vor, andernfalls muss geschätzt werden. Auch bei Vorjahreswerten muss genau auf die Vergleichbarkeit geachtet werden. Während der Ferien werden eher längere Urlaubsaufenthalte gebucht. Feiertage können reguläre Wochenendreisen etwas verlängern. Je nachdem wie viele Wochenenden, Feiertage oder Ferien in einem Monat lagen, unterscheidet sich vermutlich auch die durch-

Tab. 4.5: Beispielhafte Umsatzkalkulation Juni.

22 Belegungstage						
davon	70 %, also	15,4 Tage	zu	216,00 €	ergibt	3.326,40 €
und	30 %, also	6,6 Tage	zu	240,00 €	ergibt	1.584,00 €
Übernachtungsumsatz:						**4.910,40 €**
Aufenthaltsdauer	3,4 Tage	ergibt	6,5	Aufenthalte		
60 € Gebühr	je Aufenthalt, mal		6,5	Aufenthalte	ergibt	390,00 €
Umsatz gesamt						**5.300,40 €**
Umsatz je Belegungstag						*240,93 €*
Umsatzanteil Portale	43 %, also	9,46 Tage	zu	240,93 €	ergibt	2.279,17 €
Kosten Portale	15 %		von	2.279,17 €	ergibt	341,88 €
Umsatz gesamt abzüglich Kosten Portale						**4.958,52€**
Umsatzsteuer	7 %					324,39 €
Nettoumsatz ohne Distributionskosten						**4.634,13 €**

schnittliche Aufenthaltsdauer. Aus den Aufzeichnungen von Tante Irene geht hervor, dass in einem vergleichbaren Juni die Aufenthaltsdauer bei durchschnittlich 3,4 Nächten lag. Wenn nun die geplanten 22 Belegungstage für den Juni durch diese durchschnittliche Aufenthaltsdauer geteilt werden, so ergeben sich etwa 6,5 Aufenthalte. Nun ist ein halber Aufenthalt vermutlich schwer realisierbar, ebenso wie ein Aufenthalt von 3,4 Nächten. Da jedoch mit Mittelwerten gerechnet wird, kommt es immer wieder zu Dezimalzahlen. Mit diesen sollte auch weiter kalkuliert werden, um möglichst genaue Ergebnisse zu erhalten. Bezüglich der Kanäle haben die Freunde ja seit einiger Zeit analysiert, welcher Anteil ihrer Buchungen direkt und welcher über Portale getätigt wird. Für den Juni rechnen sie damit, dass etwa 57 % der Belegungstage über direkte Kanäle erfolgt, also 43 % über Portale. Für die Portale rechnen sie im Schnitt mit Kosten von etwa 15 %. Mithilfe dieser Kalkulationen und Annahmen lässt sich jetzt der Umsatz für den Monat Juni prognostizieren (vgl. Tabelle 4.5).

Analog zum Juni planen die Freunde nun alle Monate des Jahres. Mithilfe des Nachfragekalenders erkennen sie die besonderen Ereignisse und Veranstaltungen und legen die Preise fest. Im Anschluss planen sie die Belegungstage. Mithilfe der Vorausbuchungsfrist bestimmen sie, bei welchem Prozentsatz der Belegungstage sie mit dem Mittelwert der Frühbucherrate planen und welche Tage vermutlich zum Median der regulären Rate gebucht werden. Die Belegungstage werden durch die durchschnittliche Aufenthaltsdauer geteilt, um die Anzahl an Aufenthalten zu berechnen und so den Umsatz an einmaligen Gebühren, wie Reinigungs- oder Buchungsgebühr, zu berechnen. Nachdem sie so den erwarteten Gesamtumsatz für einen Monat kalkuliert haben, treffen sie auf Basis von Vergangenheitswerten eine Annahme, wie viel Prozent des Umsatzes über Portale gebucht wird. Diesen Anteil reduzieren sie um die durchschnittlichen Portalkosten und ziehen schließlich die Umsatzsteuer ab, um den Nettoumsatz ohne Distributionskosten zu erhalten. Nachdem alle Monate geplant sind, summieren sie diese auf für einen Jahreswert. Um diese Werte nochmals auf ihre Plausibilität zu

Tab. 4.6: Vergleich Planung mit Vorjahreswerten.

	Planjahr			Vorjahr			Planjahr vs. Vorjahr					
	Tage	Rate	Um-satz	Tage	Rate	Um-satz	Tage	%	Rate	%	Um-satz	%
Jan	16	134,42	2.151	13	122,04	1.587	3	23 %	12,38	10 %	564	36 %
Feb	17	107,09	1.821	12	99,24	1.191	5	42 %	7,85	8 %	630	53 %
März	22	109,23	2.403	17	104,67	1.779	5	29 %	4,56	4 %	624	35 %
April	25	184,21	4.605	18	140,42	2.528	7	39 %	43,79	31 %	2.078	82 %
Mai	22	144,11	3.170	22	141,34	3.109	0	0 %	2,77	2 %	61	2 %
Juni	22	210,64	4.634	18	146,35	2.634	4	22 %	64,29	44 %	2.000	76 %
Juli	25	223,36	5.584	23	210,65	4.845	2	9 %	12,71	6 %	739	15 %
Aug	29	229,22	6.647	26	208,38	5.418	3	12 %	20,84	10 %	1.229	23 %
Sep	24	150,39	3.609	16	144,32	2.309	8	50 %	6,07	4 %	1.300	56 %
Okt	25	145,69	3.642	23	138,43	3.184	2	9 %	7,26	5 %	458	14 %
Nov	10	93,12	931	6	88,13	529	4	67 %	5,00	6 %	402	76 %
Dez	9	123,31	1.110	7	109,63	767	2	29 %	13,68	12 %	342	45 %
Total	**246**	**163,85**	**40.308**	**201**	**148,66**	**29.880**	**45**	**22 %**	**15,20**	**10 %**	**10.428**	**35 %**

prüfen, beschließen sie, die Belegungstage, die Rate und den Umsatz je Monat den Werten des Vorjahres gegenüberzustellen. Sie stellen eine Tabelle auf, an der Salim zunächst verzweifelt. Die einzelnen Belegungstage, Raten und Umsätze scheinen zu stimmen, doch in der Jahressumme wirkt die Rate plötzlich mit über 1.000 € viel zu hoch. Miriam findet schließlich den Fehler: Salim hat für die Jahressummen die Belegungstage und die Umsätze aufsummiert. Anstatt dann aber den Gesamtumsatz durch die gesamten Belegungstage zu teilen, um die Durchschnittsrate für den gesamten Zeitraum zu erhalten, hat er die Summenformel auch für die Raten angewendet. Sobald dieser Fehler korrigiert ist, sehen die Werte inklusive der Raten deutlich realistischer aus (vgl. Tabelle 4.6).

Als sie die Übersicht betrachten, fragen sich Katrin, Miriam und Salim jedoch, ob sie nicht zu optimistisch waren. Eine Umsatzsteigerung von 35 % innerhalb eines Jahres erscheint ihnen sehr hochgegriffen. Sie prüfen also die Steigerung der Umsatztreiber, ob sie hier offensichtliche Fehler entdecken können. Bei den Belegungstagen zeigt der November die höchste Steigerung mit 67 %. Hier beschließen sie etwas vorsichtiger zu sein und doch nur mit Belegung an den Wochenenden zu planen, also mit acht Belegungstagen statt zehn. Im September ist die Steigerung von 50 % zwar sehr hoch, allerdings weist die zweite Septemberwoche eine wesentlich höhere Feriendichte auf als im Vorjahr, daher scheint die geplante Belegung realistisch zu sein – der Juli, zu Beginn der Sommerferien, weist daher auch nur eine leichte Steigerung von zwei Tagen auf. Den Februar beschließen sie auch etwas vorsichtiger in der Belegung zu planen, denn außer ihren internen Maßnahmen gibt es keinen Grund, warum er so viel stärker belegt sein sollte wie der Februar des Vorjahres. Die Steigerung im April hingegen lassen sie stehen: Einige Bundesländer haben drei Wochen Osterferien, daher erhoffen sie sich hier eine weit gestreckte Nachfrage. Der Mai sticht ohne jegliche

Tab. 4.7: Finales Budget im Vergleich zum Vorjahr.

	Planjahr			Vorjahr			Planjahr vs. Vorjahr					
	Tage	Rate	Um-satz	Tage	Rate	Um-satz	Tage	%	Rate	%	Um-satz	%
Jan	16	131,12	2.098	13	122,04	1.587	3	23 %	9,08	7 %	511	32 %
Feb	14	107,09	1.499	12	99,24	1.191	2	17 %	7,85	8 %	308	26 %
März	22	109,23	2.403	17	104,67	1.779	5	29 %	4,56	4 %	624	35 %
April	25	159,23	3.981	18	140,42	2.528	7	39 %	18,81	13 %	1.453	57 %
Mai	22	144,11	3.170	22	141,34	3.109	0	0 %	2,77	2 %	61	2 %
Juni	22	210,64	4.634	18	146,35	2.634	4	22 %	64,29	44 %	2.000	76 %
Juli	25	223,36	5.584	23	210,65	4.845	2	9 %	12,71	6 %	739	15 %
Aug	29	225,36	6.535	26	208,38	5.418	3	12 %	16,98	8 %	1.117	21 %
Sep	24	150,39	3.609	16	144,32	2.309	8	50 %	6,07	4 %	1.300	56 %
Okt	25	145,69	3.642	23	138,43	3.184	2	9 %	7,26	5 %	458	14 %
Nov	8	93,12	745	6	88,13	529	2	33 %	5,00	6 %	216	41 %
Dez	9	115,23	1.037	7	109,63	767	2	29 %	5,60	5 %	270	35 %
Total	**241**	**161,57**	**38.939**	**201**	**148,66**	**29.880**	**40**	**20 %**	**12,91**	**9 %**	**9.058**	**30 %**

Änderung zum Vorjahr hervor. Da die Feiertage jedoch fast ausschließlich in den Juni fallen und der 1. Mai auf ein Wochenende, empfinden sie es schon als Herausforderung, die Belegung des Vorjahres zu halten.

Bei den Raten hat der Juni mit 44 % die höchste Steigerung. Diese hatten sie aufgrund der Strandkonzerte angenommen. Auch wenn sie ein wenig diskutieren, ob sie eher mehr Belegung und weniger Rate in diesem Monat planen sollen, so scheint ihnen der prognostizierte Umsatz doch realistisch. Verglichen mit dem Juni vor zwei Jahren, als die Strandkonzerte zuletzt stattgefunden haben, stellt er lediglich eine Steigerung um 7 % dar. Eine weitere massive Ratensteigerung haben sie für den April avisiert. Da hier jedoch die Belegungstage aufgrund der Osterferien schon mit sehr starkem Wachstum geplant sind, müsste sich der Umsatz in dem Monat fast verdoppeln. Zudem erinnern sie sich an die letzten Osterferien, als sie einige Specials schalten mussten, um die gewünschte Belegung zu erreichen, was letztendlich die Rate gesenkt hat. Sie beschließen also, mit einem höheren Anteil an Special-Raten zu rechnen und diese daher in Summe etwas zu reduzieren. Auch Dezember, Januar und August reduzieren sie etwas in den Raten, um nur ein einstelliges Wachstum zu erreichen. Schließlich bedeuten höhere Raten auch meist Preissteigerungen für die Gäste, und ob sie diese im zweistelligen Bereich durchsetzen können, halten die Freunde dann doch für fragwürdig. Mit diesen Änderungen (vgl. Tabelle 4.7) liegt die Umsatzsteigerung nun immer noch bei 30 % im Vergleich zum Vorjahr. Allerdings sind ihnen solche Steigerungen in den letzten Monaten durch aktives Yield Management durchaus gelungen. Sie beschließen daher, von dieser Planung als Budget auszugehen.

Neben den reinen Umsätzen kann das Budget auch nach Segmenten oder Buchungskanälen differenziert werden. Bei nur einer zu belegenden Wohnung bieten sich hier wiederum prozentuale Verteilungen auf Basis der Vorjahreswerte pro Monat an. Werden die erwarteten Belegungstage exakt auf die verschiedenen Buchungswege aufgeteilt, so können auch die Kosten individuell berechnet werden. Wird lediglich zwischen direkten und indirekten Kanälen unterschieden, so reicht die Annahme der durchschnittlichen Kosten, wie sie bei der Kalkulation des Umsatzes angewendet wurde.

4.4 Pick Up

Als die Freunde die Planung für das kommende Kalenderjahr abgeschlossen haben, steht die Sommersaison vor der Tür und sie haben alle Hände voll zu tun, sich um die Gäste und die kurzfristigen Buchungen und Änderungswünsche zu kümmern. Als Ende September etwas Ruhe einkehrt, nehmen sie ihr vor Wochen erstelltes Budget wieder zur Hand. „So eine Planung macht ja wirklich Sinn", meint Katrin. „Ich fühle mich viel wohler, wenn wir ungefähr wissen, mit was wir rechnen können und welche Zeiträume stressig werden und welche nicht. Aber in den letzten Wochen haben wir gesehen, wie viele kurzfristige Änderungen es bei den Buchungen noch gab. Wie sehr können wir denn darauf vertrauen, dass wir unsere Ziele wirklich erreichen und unsere geplanten Umsätze auch kommen?" „Stimmt", sagt Miriam. „Wenn wir auf Basis der Umsatzplanung Investitionen planen und hinterher verdienen wir das Geld gar nicht, das wir ausgeben, haben wir ein Problem. Wir bräuchten so etwas wie einen kontinuierlichen Gradmesser, wie unsere Buchungslage aussieht ... da lässt sich doch sicherlich eine Tabelle bauen." Gesagt, getan. Miriam baut eine Tabelle, in der sie die aktuellen Buchungsstände sehen ebenso wie die Differenz zum Budget und auch zum Vorjahr. Gespannt betrachten die Freunde nun täglich ihre Tabelle, um zu sehen, ob sie ihre Ziele erreichen oder gar übertreffen werden. Im Laufe der Zeit baut Miriam immer mehr Funktionen und Daten ein, sodass sie immer mehr Informationen auslesen können.

Die Beobachtung des aktuellen Buchungsstandes ist für die Einschätzung der Zielerreichungswahrscheinlichkeit von großer Bedeutung. Ebenso dient er als Entscheidungsgrundlage für Steuerungsmaßnahmen, um bei sehr starker Nachfrage die Preise zu erhöhen oder Restriktionen zu verschärfen und bei schwacher Nachfrage ggf. Rabatte oder Sonderraten zu schalten oder das Marketingbudget zu erhöhen. Neben dem aktuellen Buchungsstand ist es sinnvoll, weitere Daten zu betrachten, um ihn beurteilen zu können. Das Budget ist beispielsweise eine Möglichkeit, um den Buchungsstand in Bezug auf das gesetzte Ziel zu bewerten. Auch das Ergebnis des Vorjahres kann hinzugezogen werden. Allerdings sind sowohl das Budget als auch die Vorjahreswerte jene Werte, die am Ende des jeweiligen Monats erreicht werden sollen oder im Vorjahr erreicht wurden. Sie eignen sich nicht zur Beurteilung, ob es realistisch ist, die noch fehlenden Buchungen zu erreichen. Dafür macht es Sinn, den Buchungsstand mit dem Buchungsstand zum gleichen Zeitpunkt im Vorjahr zu vergleichen, man spricht hier auch vom SPIT – same point in time. Werden beispielsweise Anfang Oktober die Buchungen für Silvester betrachtet, so macht es Sinn, diesen Buchungsstand mit dem

Buchungsstand von Anfang Oktober des Vorjahres zu vergleichen. So können die Buchungen, welche noch zur Erreichung des Budgets fehlen, mit der Buchungsanzahl abgeglichen werden, welche im Vorjahr im noch verbliebenen Zeitraum getätigt wurde. Somit kann geprüft werden, ob die noch fehlenden Buchungen realistischerweise noch erreicht werden können oder ob ggf. Maßnahmen notwendig sind, um die Nachfrage zu stimulieren. Damit die Zahlen wirklich auf den ersten Blick miteinander verglichen werden können, macht es Sinn, diese direkt nebeneinander zu sortieren. Um die Übersichtlichkeit der Tabelle zu bewahren, sollte sie nur die nötigsten Daten enthalten. Die absoluten Buchungsstände des Vorjahres sind beispielsweise weniger aussagekräftig als die Buchungen zum gleichen Zeitpunkt. Daher könnten die Abschlusswerte des Vorjahres ausgeblendet werden und nur bei speziellen Fragestellungen oder Unsicherheiten betrachtet werden.

Tabelle 4.8 zeigt eine beispielhafte Buchungstabelle. Neben dem aktuellen Buchungsstand stehen direkt die Werte des Vorjahres zum gleichen Zeitpunkt, sodass auf den ersten Blick erkennbar ist, ob die aktuelle Buchungssituation unter oder über jener des Vorjahres liegt. Wie in Kapitel 1.2 ausgeführt, ist es wichtig zu definieren, ob die gebuchten Tage inklusive der Blockungen (z. B. durch Eigentümer oder für Renovierungsarbeiten) oder ohne die Blockungen angegeben werden – und diese Darstellung für alle angegebenen Werte beizubehalten. Die dritte Spalte zeigt das Budget als Zielvorstellung neben den dafür noch fehlenden Buchungen. Die letzte Spalte zeigt die Bele-

Tab. 4.8: Bewertung des Buchungsstandes an Belegungstagen.

	Aktuell gebucht	Gebucht Vorjahr SPIT	Budget	Fehlend zum Budget	Noch getätigte Buchungen im Vorjahr
Januar	10	9	16	6	4
Februar	8	6	14	6	6
März	12	10	22	10	7
April	19	15	25	6	3
Mai	14	17	22	8	5
Juni	17	16	22	5	2
Juli	20	21	25	5	2
August	22	20	29	7	6
September	14	8	24	10	8
Oktober	13	10	25	12	13
November	0	0	8	8	6
Dezember	2	0	9	7	7
Gesamt	**151**	**132**	**241**	**90**	**69**

gungstage, welche im Vorjahr zwischen dem aktuellen Datum und dem Anreisedatum noch getätigt wurden. Für den Januar ist beispielsweise ersichtlich, dass der aktuelle Buchungsstand (10) einen Belegungstag über jenem des Vorjahres (9) liegt. Es müssen bis Ende Januar aber auch noch zwei Belegungstage mehr generiert werden (6) als im Vorjahr (4), um das Budget zu erreichen. Die Interpretation dieser Betrachtung ist meist von der Persönlichkeit und den Erfahrungen des Betrachtenden geprägt. Eine mögliche Interpretation wäre, dass der Trend im Januar ja über dem Vorjahr liegt, da aktuell schon ein Belegungstag mehr gebucht wurde. Es kann davon ausgegangen werden, dass dieser positive Trend sich fortsetzt und auch in der verbleibenden Zeit bis Ende Januar mehr Belegungstage gebucht werden als zur gleichen Zeit im Vorjahr. Das Budget wäre somit erreichbar und würde als realistisch angesehen. Eine andere mögliche Interpretation wäre, dass jetzt ja schon mehr Tage im Januar belegt sind als im Vorjahr und daher eine geringere Verfügbarkeit besteht. Daher wird es als unrealistisch angesehen, noch mehr Buchungen zu generieren als im Vorjahr, und das Budget wird als risikoreich eingestuft. Um ein besseres Verständnis dafür zu erlangen, welche Interpretation näher an der Realität liegt, kann es helfen, die einzelnen belegten Tage zu betrachten. Welche Tage (Wochentage, Feiertage, Datum) wurden im Vorjahr gebucht, und sind die entsprechenden Vergleichstage für das kommende Jahr noch verfügbar? Bei regelmäßiger Analyse der Daten lassen sich auch Trends gut erkennen und können in die Interpretation mit einfließen. Wenn beispielsweise Buchungen seit einiger Zeit tendenziell kurzfristiger getätigt werden als im Vorjahr, so kann das ein Indikator dafür sein, dass bis Ende Januar noch mehr Buchungen getätigt werden als im Vorjahr. Steigt die Vorausbuchungsfrist jedoch tendenziell an, so ist mit weniger kurzfristigen Buchungen zu rechnen. Ob die Tabelle grundsätzlich auf Tages-, Wochen- oder Monatsbasis erstellt wird, hängt von den Buchungsmustern der Immobilie und vom Aufwand ab. Ein automatisch generierter Report kann so aufgesetzt werden, dass einzelne Tage gezeigt werden, welche nach Belieben zu Wochen oder Monaten zusammengefasst werden können. Wird der Report jedoch händisch ausgefüllt, so ist eine monatliche Betrachtungsweise in den meisten Fällen ausreichend. Neben den einzelnen Tagen spielen auch Sonderereignisse in einzelnen Monaten, die Verschiebung von Ferien oder das erwartete Wetter bei der Vergleichbarkeit mit dem Vorjahr eine Rolle. Die Sonderereignisse und Ferien sind idealerweise im Budget bereits reflektiert. In Falle dieser Fragestellung würde es helfen, die Abschlusszahlen des Vorjahres einzublenden und mit dem Budget zu vergleichen.

Wenn der Buchungsstand regelmäßig betrachtet wird, so ist es hilfreich, Änderungen direkt zu erkennen. Neben der reinen Betrachtung des Buchungsstandes kann daher auch die Betrachtung der hinzugekommenen Buchungen hilfreich sein. Diese hinzugekommenen Buchungen werden auch als Pick Up bezeichnet, also wie viele Belegungstage „aufgenommen" wurden. Der Pick Up wird durch zwei Parameter definiert: Innerhalb welches Zeitraums wurden die Buchungen getätigt und für welchen Zeitraum wurden sie getätigt?

In Tabelle 4.9 ist die Buchungsstandtabelle nun um den Pick Up ergänzt. Da seit der letzten Betrachtung sieben Tage vergangen sind, wurden als betrachteter Pick-

Tab. 4.9: Buchungsstand inklusive Pick Up.

	Aktuell gebucht	Gebucht Vorjahr SPIT	Budget	Fehlend zum Budget	Noch getätigte Buchungen im Vorjahr	Pick Up der letzten
Zeitraum:						**7 Tage**
Januar	12	10	16	4	3	2
Februar	9	7	14	5	5	1
März	13	10	22	9	7	1
April	21	15	25	4	3	2
Mai	14	17	22	8	5	0
Juni	17	16	22	5	2	0
Juli	20	21	25	5	2	0
August	23	22	29	6	4	1
September	14	8	24	10	8	0
Oktober	13	10	25	12	13	0
November	0	0	8	8	6	0
Dezember	2	0	9	7	7	0
Gesamt	**158**	**136**	**241**	**83**	**65**	**7**

Up-Zeitraum sieben Tage ausgewählt. In den letzten sieben Tagen sind sieben Belegungstage in unterschiedlichen Monaten hinzugekommen. Aufgrund der vergangenen Woche haben sich auch die Werte des Vorjahres-SPIT verändert, da im Vorjahr in der vergangenen Woche auch Buchungen getätigt wurden. Durch den Pick Up lässt sich direkt erkennen, in welchen Monaten etwas geschehen ist. Wie schon der reine Buchungsstand kann auch der Pick Up auf Wochen- oder Tagesbasis heruntergebrochen werden, je nach dem dadurch entstehenden Aufwand und dem benötigten Detailgrad. Der Pick Up sollte regelmäßig und in kurzen Abständen für die nächsten Wochen sowie für Zeiträume mit starker Nachfrage, wie die Ferienzeiten, betrachtet werden. Bei weiter in der Zukunft liegenden Nebensaisonzeiten ist es oftmals ausreichend, diese in längeren Intervallen zu betrachten. Bei Zeiträumen in naher Zukunft oder mit hoher Nachfrage sollten Buchungsänderungen jedoch sofort gesehen werden. Nur so können von der Norm abweichende Buchungen direkt erkannt werden, beispielsweise wenn ein Preis auf einem Portal falsch eingestellt ist oder eine Restriktion nicht korrekt gesetzt ist. Gerade bei vielen technischen Schnittstellen können Fehler so rasch erkannt und behoben werden, bevor der Schaden zu groß wird. Je nach gewünschtem Detailgrad kann der Pick Up auch nach Segment oder nach Buchungskanal bzw. nach Art des Kanals (direkt oder indirekt) dargestellt werden. Wenn das Budget im gleichen Detailgrad geschrieben wurde, können Abweichungen so direkt erkannt werden und neben fehlenden Umsätzen z. B. auch höhere Kosten durch einen höheren Anteil an Portalbuchungen als ursprünglich geplant früh erkannt werden. So können gezielt Maßnahmen für oder gegen bestimmte Buchungsmuster ergriffen werden, indem z. B. ein sehr teurer Kanal geschlossen wird. Diese Maßnahmen können zielgerichtet platziert werden, was den größtmöglichen Effekt des eingesetzten Marketingbudgets verspricht.

Neben den Belegungstagen sollte der Buchungsstand und der Pick Up auch für die Rate und den Umsatz geführt werden. So können relevante Umsatzabweichungen nicht nur direkt erkannt werden, sondern auch unmittelbar auf fehlende Belegungstage oder zu niedrige Raten zurückgeführt werden. Aus Gründen der Übersichtlichkeit wurde die Darstellung hier auf die Belegungstage und die monatliche Ansicht beschränkt, in digitalen Tabellen-Tools lassen sich jedoch auch mehrere Parameter in größerem Detailgrad recht übersichtlich darstellen und nach Wunsch farbig hervorheben.

4.5 Forecast

Die Freunde betrachten nun beinahe täglich den Pick-Up-Report und feiern Buchungen zu hohen Raten oder in Nebensaisonzeiten, da sie den Erfolg ihrer Bemühungen beweisen. Nach einiger Zeit jedoch wird deutlich, dass sie das Budget für Januar aller Wahrscheinlichkeit nach nicht erreichen werden. Der März hingegen entwickelt sich stärker als angenommen, sodass sie für diesen Monat davon ausgehen, dass sie das Budget nicht nur erreichen, sondern sogar übertreffen werden. Katrin runzelt die Stirn: „Macht es Sinn, am Budget festzuhalten, wenn wir jetzt doch schon ziemlich sicher wissen, dass wir es unter- oder überschreiten werden? Dafür machen wir doch die ganzen Analysen, um genau das zu erkennen. Es fühlt sich irgendwie falsch an, jetzt genau das stehen zu lassen." Miriam widerspricht: „Nein, ein Budget bleibt stehen. Darin planen wir ja auch Ausgaben. Wenn wir jetzt ständig alles dynamisch anpassen, kommen wir ja gar nicht mehr hinterher. Und die Analysen machen wir ja schließlich, um zu sehen, in welchen Zeiträumen das Budget in Gefahr ist. So können wir Gegenmaßnahmen ergreifen und es trotzdem noch erreichen!" Nach einigem Überlegen widerspricht Salim: „Wir können manche Entwicklungen mit verschiedenen Instrumenten wie Raten und Verfügbarkeiten zwar etwas steuern, aber das ist ja kein Zauberstab. Es gibt Entwicklungen, gegen die können wir nichts tun. Wenn keine Nachfrage da ist, helfen auch die niedrigsten Raten nicht. Es kann durchaus passieren, dass wir das Budget mal nicht erreichen. Und wenn wir das vorher merken, und auch unsere Gegenmaßnahmen nicht greifen, dann sollten wir das irgendwo vermerken. Oder auch wenn wir lange im Voraus wissen, dass wir aufgrund der Vorbuchungsstände unser Budget übertreffen werden, dann müssen wir das doch irgendwo anpassen, oder? So genau, dass wir das Budget immer erreichen, können wir ja gar nicht planen. Und welchen Aussagewert hat ein Budget, von dem wir schon im Januar wissen, dass es so nicht kommen wird?"

Wie so oft haben sowohl Miriam als auch Salim recht. Das Budget ist eine Zusammenfassung der erwarteten Umsätze und Kosten, um Gewinn oder Verlust zu prognostizieren und Investitionsentscheidungen langfristig treffen zu können. Eine kurzfristige Anpassung einzelner Parameter würde das gesamte Konstrukt ins Wanken bringen. Zudem kann es für zukünftige Budgeterstellungen hilfreich sein, zu erkennen, in welchen Bereichen die Planung danebenlag, um solche Fehler künftig zu vermeiden. Eine Anpassung des Budgets sollte demnach vermieden werden. Allerdings dient das Budget ja auch der Planung, und diese sollte so exakt wie möglich sein, um als Basis für Entscheidungen zu dienen. Wenn erkennbar ist, dass Umsätze nicht wie geplant realisiert werden, so sollten die Kosten soweit möglich entsprechend angepasst werden. Wenn mit einer deutlich höheren Belegung als ursprünglich geplant gerechnet wird, müssen ggf. Ressourcen aufgestockt werden, um beispielsweise die Reinigung entsprechend zu bewältigen. Dafür ist es notwendig, kurzfristigere Erkenntnisse und Ereignisse in die Planung einfließen zu lassen. Dafür dient der Forecast. Dieser kann je nach Bedarf in unterschiedlichen Zeitabständen angepasst und für verschiedene Zeiträume erstellt werden. Zu Beginn einer Periode entspricht der Forecast meist dem Budget und wird dann nach Bedarf, also bei erkennbaren Abweichungen, angepasst. Ob diese Anpassung zu festgelegten Zeitpunkten erfolgt oder der Forecast kontinuierlich bei der Betrachtung des Pick Up mit angepasst wird, ist dabei nicht relevant. Oft ist eine Kombination aus beiden Vorgehensweisen sinnvoll: Bei Betrachtung des Pick Up werden erkennbare Abweichungen direkt im Forecast hinterlegt. Zu festgelegten Zeiträumen, etwa monatlich, wird der komplette Forecast angesehen: ob beispielsweise die einzelnen Monate noch plausibel erscheinen oder ob Trends erkennbar sind, welche entsprechend eingearbeitet werden sollten.

Tabelle 4.10 zeigt beispielhaft, wie der Forecast in die Buchungsstandtabelle integriert werden kann. Je nach Detailgrad kann es sinnvoll sein, für Pick-Up-Betrachtung und Forecast-Planung unterschiedliche Dokumente zu verwenden, die jedoch inhaltlich eng zusammenhängen. Daher wird hier auf den Detailgrad verzichtet und es werden beide Funktionen in einer Tabelle zusammengefasst. Im Januar sind aktuell zwölf Tage gebucht, das sind zwei mehr als im Vorjahr zum gleichen Zeitpunkt. Im Vorjahr wurden noch drei Belegungstage bis Ende des Monats hinzugewonnen. Um das Budget von 16 Belegungstagen zu erreichen, müssten noch vier Belegungstage hinzugebucht werden. Da die Belegung jetzt schon höher ist als im Vorjahr, ist die Verfügbarkeit etwas geringer. Daher wird davon ausgegangen, dass nur noch drei Belegungstage hinzukommen werden, analog zum Vorjahr. Hier kann nun entweder die Spalte „Fehlend zum FC" aktiv angepasst und auf drei reduziert werden. Der Forecast selbst würde sich dann als Summe aus dieser Spalte und dem aktuellen Buchungsstand in der ersten Spalte berechnen. Bei diesem Vorgehen kann mithilfe der Buchungen des Vorjahres immer abgeschätzt werden, mit wie vielen zusätzlichen Belegungstagen, also mit welchem Pick Up, für den Monat noch zu rechnen ist. Alternativ kann auch der Forecast aktiv angepasst werden und die Spalte „Fehlend zum Forecast" als Differenz zwischen Buchungsstand und geplantem Forecast automatisch berechnet werden. Welche Spalte einfacher planbar ist, hängt von persönlichen Präferenzen ab, letztendlich sind es unterschiedliche Wege zum gleichen Ziel. Hilfreich ist

Tab. 4.10: Buchungsstand mit Pick Up und Forecast.

Zeitraum:	Aktuell gebucht	Gebucht Vorjahr SPIT	Budget	Forecast	Fehlend zum FC	Noch getätigte Buchungen im VJ	Pick Up der letzten 7 Tage
Januar	12	10	16	15	3	3	2
Februar	9	7	14	14	5	5	1
März	13	10	22	23	10	7	1
April	21	15	25	26	5	3	2
Mai	14	17	22	22	8	5	0
Juni	17	16	22	22	5	2	0
Juli	20	21	25	25	5	2	0
August	23	22	29	29	6	4	1
September	14	8	24	24	10	8	0
Oktober	13	10	25	26	12	13	0
November	0	0	8	8	8	6	0
Dezember	2	0	9	9	7	7	0
Gesamt	**158**	**136**	**241**	**243**	**83**	**65**	**7**
FC zum BUD				**+2**			

es zudem, in einer zusätzlichen Zeile die Differenz zwischen Forecast und Budget darzustellen – in Tabelle 4.10 ist der Forecast um zwei Belegungstage höher als das Budget. Werden die Werte nun entsprechend für die Rate und den Umsatz angepasst, so ist auf einem Blick ersichtlich, ob das jährliche Budget unterschritten, erreicht oder übertroffen wird. Solche Anpassungen, beispielsweise des erwarteten Pick Ups, können mit recht wenig Aufwand regelmäßig erfolgen. Auch wenn beispielsweise eine Rabattaktion gestartet oder die Preise für einen Zeitraum angepasst wurden, können diese Änderungen direkt auf die geplante Rate umgelegt werden, da sich die tatsächliche Rate dann vermutlich vom ursprünglichen Budget unterscheidet. So ist der Umsatz, welcher im Forecast gezeigt wird, stets auf dem aktuellen Stand und kann kurzfristig abgefragt werden. Dennoch sollte der Forecast neben den regelmäßigen Änderungen, welche meist im kurz- bis mittelfristigen Zeitraum erfolgen, auch in regelmäßigen Abständen umfassender analysiert werden. Am Beispiel der Tabelle 4.10 könnte beispielsweise gefragt werden, ob eine Steigerung von 14 Nächten im Februar auf 23 Nächte im März realistisch ist oder ob der März zu positiv geplant ist. Gerade wenn einzelne Monate sich als stärker oder schwächer als ursprünglich budgetiert erweisen, sollten die Vor- und Nachmonate ebenfalls für Änderungen in Betracht gezogen werden. Wenn Zeiträume vergangen sind, sollten die Belegungszahlen für diese Zeiträume im Forecast auf die tatsächlichen Werte angepasst werden. So ergibt sich aus den Vergangenheitswerten und der Hochrechnung ein möglichst genaues Bild der erwarteten Buchungszahlen.

Das Budget wird meist für ein Kalenderjahr erstellt, in manchen Fällen auch für ein abweichendes Geschäftsjahr. Der Forecast kann entweder für den gleichen Zeitraum erstellt werden und somit die genauere, da kurzfristigere Version des Budgets darstellen. Somit entsteht jedoch oftmals ein Bruch mit dem Jahreswechsel, wenn der Forecast stets nur bis Dezember geht. Ab Januar gäbe es dann ein neues Budget und somit einen neuen Forecast, vermutlich in einer neuen Tabelle. Trends, welche innerhalb eines Forecasts schnell erkannt und fortgeschrieben wurden, können beim Übergang auf ein neues Dokument oder eine neue Tabelle verloren gehen. Zumal Erkenntnisse über zukünftige Entwicklung ggf. schon vor Budgeterstellung vorliegen können. Daher kann es sinnvoll sein, den Forecast rollierend zu schreiben, also immer für einen gewissen Zeitraum in die Zukunft. Ob das sechs oder zwölf Monate sind, hängt auch vom Vorbuchungszeitraum der jeweiligen Gäste ab. Wenn Gäste bei Abreise im August direkt für das folgende Jahr buchen, so kann auch im August der Forecast für den kommenden August direkt erstellt werden, selbst wenn das Budget noch nicht final kalkuliert ist. Wenn es dann an die Budgeterstellung geht, liegen die Forecast-Daten für einige Monate bereits vor und können als Basis genutzt werden. Je engmaschiger ein Forecast gepflegt wird, desto näher kommt er vermutlich der Realität. Umso größer ist wiederum seine Aussagekraft, wenn es um Entscheidungsgrundlagen geht. Ein sehr detaillierter Forecast – etwa auf Tages- oder Buchungskanalbasis – ist relativ aufwendig in der Pflege. Dieser Aufwand macht nur dann Sinn, wenn Entscheidungen wirklich regelmäßig in diesem Detailgrad getroffen werden. Werden Belegungstage eher wochenweise betrachtet und Buchungskanäle als „extern" zusammengefasst, so reicht dieser Detailgrad vollkommen aus. Dadurch wird der Aufwand des Aktualisierens und Anpassens geringer, wodurch die Anpassungen häufiger erfolgen können, was wiederum der Qualität des Forecasts zugutekommt.

5 Revenue Management für mehrere Immobilien

5.1 Eigentümer-Beziehungen

Miriam, Katrin und Salim vermieten das Möwennest nun schon seit fast anderthalb Jahren. Sie haben ein Budget geschrieben und passen regelmäßig den Forecast an, um den Zielerreichungsgrad festzustellen. Sie betrachten täglich den Pick Up und entscheiden so, ob Yielding-Maßnahmen nötig sind, ob sie also Preise und Verfügbarkeiten anpassen müssen. Die Arbeit, welche sie zu Beginn in die Entscheidungen, Überlegungen und in den Aufbau der Reports investiert haben, zahlt sich aus. Sie sind gut eingespielt und konnten nun auch deutlich den Umsatz der Vorjahre übertreffen, als noch kein Revenue Management betrieben wurde. Somit ist die Wette mit Tante Irene eindeutig gewonnen und Salim kann wieder ruhig schlafen. Eines Tages am Saisonende, als sie die Wohnung gerade selbst nutzen und die Planung des nächsten Jahres mit ein paar Urlaubstagen verbinden, klingelt es an der Tür. Frau Krause, die ein paar Häuser weiter die Ferienwohnung „Seestern" vermietet, steht vor der Tür. Sie hat von Tante Irene gehört, dass die drei Freunde allerlei geändert haben bei der Vermietung und damit durchaus erfolgreich sind. Da ihr die ganze Vermietung und Organisation in letzter Zeit etwas viel wird, wollte sie fragen, ob die Freunde nicht auch ihre Wohnung vermieten würden. Etwas perplex von diesem Vorschlag, beschließen Salim, Katrin und Miriam zunächst, die Wohnung Seestern zu besichtigen. Diese ist von der Lage her ähnlich wie jene von Tante Irene, allerdings mit vier Zimmern etwas größer. Die Freunde verbleiben mit Frau Krause so, dass sie sich untereinander beraten und dann wieder bei ihr melden. Kaum ist Frau Krause weg, sehen sich die Freunde ratlos an: Ist es eine gute Idee, eine weitere Wohnung in direkter Nachbarschaft zu vermieten oder eher nicht?

Die Diskussion, welche die Freunde führen, ist nicht einfach. Einerseits hätten sie dann mit zwei Wohnungen eine höhere Verfügbarkeit und müssten Anfragen zu nachfragestarken Zeiten seltener ablehnen. Durch weniger Absagen könnte es sein, dass sie mehr Anfragen erhalten, da Kunden, die sich früher nach ein oder zwei Absagen ggf. nach Alternativen umgesehen haben, zukünftig vielleicht ein Angebot erhalten und dann häufiger anfragen. Zudem könnten sie für die Vermietungstätigkeit vermutlich eine Provision von Frau Krause verlangen und würden so zusätzliches Geld verdienen. Andererseits wäre diese Wohnung ja eine direkte Konkurrenz zu ihrer eigenen Immobilie. So könnten sie zwar zu nachfragestarken Zeiten die Nachfrage auf zwei Wohnungen verteilen und damit doppelten Umsatz machen, allerdings würde sich die Nachfrage auch in der Nebensaison auf zwei Wohnungen verteilen. Wenn die Wohnung bisher noch nicht als Ferienwohnung genutzt werden würde, wäre eine Analyse sinnvoll, ob die aktuelle Nachfrage inklusive der ggf. erwarteten Entwicklung ausreichend für eine weitere Ferienwohnung ist. Um die Nachfrage einer Region zu beurteilen, kann man beispielsweise die Daten von Buchungsportalen nutzen und analysieren, an wie vielen Tagen die Ferienwohnungen einer Region komplett ausge-

https://doi.org/10.1515/9783111418933-006

Tab. 5.1: Kalkulation Belegungstage zusätzliche Immobilie anhand von Marktdaten.

Belegung	Markt: Anzahl Tage aktuell	Belegungstage neue Wohnung
> 95 %	70	70
80 %–94,9 %	36	27
60 %–79,9 %	18	12
40 %–59,9 %	42	8,6
< 39,9 %	199	3,5
Gesamt	**365**	**121,1**

bucht waren. Zwar lässt sich dadurch nicht der Nachfrageüberhang erkennen, man weiß also nicht, wie oft die Nachfrage das Angebot überstieg und Anfragen abgelehnt werden mussten. Aber man könnte annehmen, dass an Tagen, an denen alle Unterkünfte einer Destination ausgebucht sind, die Nachfrage so stark ist, dass auch eine weitere Unterkunft von der Belegung profitieren könnte. An Tagen, an denen fast alle Unterkünfte ausgebucht sind, scheint die Belegung ein Selbstläufer zu sein, hier könnte davon ausgegangen werden, dass die eigene, zusätzliche Unterkunft an etwa drei Vierteln der Tage belegt wäre. In nachfrageschwachen Zeiten wiederum würde sich die existierende Nachfrage vermutlich auf ein Objekt mehr verteilen, die Nachfrage für alle Marktteilnehmer also sinken.

Tabelle 5.1 zeigt beispielhaft einen Markt, der aus 23 Wohnungen besteht, welche aktuell vermietet werden. An jenen Tagen, an denen über 80 % der Wohnungen momentan ausgebucht sind, wird davon ausgegangen, dass die 24. Wohnung auch belegt wird bzw. an 75 % der Tage auch belegt sein wird. An 18 Tagen sind die Wohnungen aktuell zu 60 % bis 79,9 % belegt. Als Kalkulationswert wurde hier die Mitte des Belegungskorridors, also 70 % angenommen. An 18 Tagen im Jahr sind also 70 % der 23 Wohnungen belegt, das entspricht 16 Wohnungen. An diesen 18 Tagen gibt es also 16 Anfragen. Diese 16 Anfragen würden sich künftig nicht mehr auf 23 Wohnungen, sondern auf 24 Wohnungen verteilen. Es wären dadurch nicht mehr 70 % der Wohnungen, sondern nur noch 67 % der Wohnungen an diesen 18 Tagen ausgebucht. Wenn sich diese Nachfrage gerecht unter allen Wohnungen aufteilt, wäre jede Wohnung an 67 % der 18 Tage, also an 12 Tagen, belegt. Analog kann die Berechnung für die übrigen Belegungskorridore durchgeführt werden. So kann kalkuliert werden, dass die momentane Nachfrage eine zusätzliche Wohnung an etwa 121 Tagen im Jahr belegen würde. Diese Kalkulation ist selbstverständlich sehr grob und basiert auf einigen Annahmen, sie kann daher nur als grobe Richtung gesehen werden. Ebenfalls müsste sie entsprechend angepasst werden, wenn mit steigender Nachfrage gerechnet wird. Um sie noch feiner zu gestalten, könnten die Wohnungen nach Ausstattung und Lage sortiert werden, wobei hier die Datenbasis dann je nach Destination sehr schwach werden könnte.

Der Seestern kommt allerdings nicht neu in den Markt hinein, er existiert schon im Markt. Das heißt, dass er aktuell vermutlich schon in Konkurrenz zu Tante Irenes Wohnung steht und somit die Nachfrage nicht durch einen weiteren Marktbegleiter geteilt werden müsste. Wenn die drei Freunde der Übernahme der Vermietung nicht zustimmen, ist davon auszugehen, dass Frau Krause die Wohnung entweder selbst weiter vermietet oder jemand anderen damit beauftragt. Lediglich dann, wenn die Nachfragelage so schlecht ist, dass eine Vermietung sich kaum noch lohnt, könnte es sein, dass die Wohnung vom Markt genommen wird, doch damit ist üblicherweise nicht zu rechnen. Wenn der Seestern von einem professionellen Vermieter übernommen wird, könnte es sein, dass dieser auch Optimierungen im Revenue Management vornimmt und die Wohnung somit mehr Nachfrage aus dem Markt auf sich zieht; darunter könnte die Belegung des Möwennestes leiden. Wenn sie die Wohnung selbst vermieten, so würden sie diese Effekte im Idealfall selbst auslösen und würden somit Nachfrage von anderen Wohnungen im Markt auf ihre beiden Objekte ziehen. In Zeiten mit starker Nachfrage würden sie zusätzlich zu den Einnahmen der eigenen Wohnung noch von der Vermietung der fremden Wohnung profitieren. In Zeiten schwächerer Nachfrage könnte es allerdings passieren, dass Buchungen vom Möwennest zum Seestern gehen. Somit würden sie nur den kleinen Anteil an den Mieteinnahmen haben, nicht mehr die vollen Einnahmen wie beim Möwennest. Diese Gefahr wäre geringer, wenn die Lage der Wohnungen sich deutlicher unterscheiden würde. Dann würden die Wohnungen vermutlich nicht im gleichen Zielgruppen- und Preissegment angesiedelt sein und dadurch nicht um die gleichen Anfragen konkurrieren. Allerdings wäre es dann auch schwieriger, wenn eine Wohnung ausgebucht ist, auf die andere zu verweisen. Die Freunde hoffen nun, dass die unterschiedliche Größe der Wohnungen unterschiedliche Gruppengrößen anspricht und sie somit keinen Belegungsrückgang im Möwennest verzeichnen müssen. Nach reiflichen Überlegungen und Diskussionen schätzen sie die Chancen, welche ihnen die Vermietung der zusätzlichen Wohnung bringen könnte, höher ein als die Gefahren, die darin liegen. Sie beschließen also, Frau Krause zuzusagen und die Vermietung des Seesterns zu übernehmen, bevor Frau Krause jemand anderen mit der Vermietung betraut. Sie einigen sich darauf, dass sie die Wohnung auf Rechnung und im Namen von Frau Krause vermieten und dafür 10 % der Erlöse als Provision erhalten. Da sie ohnehin die gleichen Firmen für Reinigung und Hausmeisterdienste beschäftigen, würden sie dies einfach beibehalten. Die genauen Vertragsmodalitäten lassen sie von einem Anwalt regeln, um auch rechtlich abgesichert zu sein. Nachdem die Freunde den Seestern übernommen haben, beginnen sie mit den gleichen Analysen, die sie vor knapp zwei Jahren für das Möwennest durchgeführt haben. Sie teilen die Buchungen in Segmente ein, messen den Pick Up und die Vorausbuchungsfrist und schreiben ein Budget für die Wohnung. Durch die Planung der Umsätze können sie auch ihre eigenen Einkünfte herleiten. Ebenfalls identifizieren sie Zeiten mit hoher und mit niedriger Nachfrage und passen die Preise und Verfügbarkeiten entsprechend an. Dadurch, dass ihnen nun die Buchungsinformationen von zwei Wohnungen zur Verfügung stehen, können sie hier noch genauer differenzieren. Wenn etwa eine Wohnung schon ausgebucht ist, erhöhen sie den Preis der anderen Wohnung etwas. Sie gehen davon aus, dass sie nun eingehende Buchungsanfragen für beide Wohnungen auf die eine, noch freie

Wohnung lenken können und diese daher mit höherer Wahrscheinlichkeit belegt sein wird. Auch die Vermarktung des Seesterns über verschiedene Buchungsportale optimieren die drei Freunde. So steuern sie beide Wohnungen parallel. Viele Prozesse, wie die Betrachtung des Pick Ups, führen sie für beide Wohnungen zeitgleich durch. Somit können sie die Informationen direkt miteinander abgleichen und Erkenntnisse für beide Wohnungen nutzen. Viele Auswertungen, Tabellen und Analysen, die sie für das Möwennest aufgesetzt haben, können die Freunde für die zweite Wohnung sehr leicht adaptieren, sodass sich der zusätzliche Aufwand in Grenzen hält. Da kein Nachfragerückgang bei der ersten Wohnung zu spüren ist, bleibt ihnen die Provision aus der Vermietung von Frau Krauses Wohnung tatsächlich als zusätzliche Einnahme, über die sie sich sehr freuen.

Nach einiger Zeit jedoch bittet Frau Krause um ein Gespräch. Seit die Freunde vor ein paar Monaten die Vermietung der Wohnung übernommen haben, hatten sie nur wenig Kontakt zu Frau Krause. Dieser war jedoch jedes Mal freundlich und entspannt, was die drei Freunde auf ihre Erfolge bei der Vermietung des Seesterns zurückgeführt haben. Doch bei diesem Termin wirkt Frau Krause angespannt und unzufrieden: „Also, nach dem, was Irene mir erzählt hat, hatte ich mir ja etwas mehr von euch versprochen", legt sie direkt los, während die drei Freunde sie noch verdattert ansehen. „Ich dachte, ihr bringt mir mehr Belegung, aber scheinbar füllt ihr zuerst das Möwennest. Die letzten zwei Wochen war Irenes Wohnung jeden Tag belegt und ich hatte gerade mal drei Belegungstage – da habt ihr mir doch die Gäste weggelockt! Und ich kann mir auch vorstellen, wie – die Schusters, die jedes Jahr kommen, haben erzählt, dass sie nicht wie üblich von Christi Himmelfahrt bis Samstag bleiben können und dass es zudem sehr viel teurer sei. Ihr könnt mir doch nicht die Preise so hochziehen, dass niemand mehr kommt, nur damit ihr keine Arbeit mit Buchungen habt!" Die Freunde schauen immer noch verdutzt, als Frau Krause nach einigen Minuten Donnerwetter wieder geht. „Oh, wow, das hatte ich so nicht erwartet", meint Katrin, die sich immer noch sammeln muss. Miriam hingegen ist ganz rot vor Wut: „Aber wir machen das doch alles für sie und ihre Wohnung. Christi Himmelfahrt nur bis Samstag und die Nacht von Samstag auf Sonntag verschenken, das macht doch keinen Sinn! Und wir bevorzugen das Möwennest ganz sicher nicht, aber die Wohnung ist halt kleiner und dadurch günstiger, daher wird sie zuerst gebucht. Sobald die günstigen Wohnungen ausgebucht sind, kommen schon noch Buchungen für die Wohnung von Frau Krause. Warum sieht sie das denn nicht?!" Auch Salim ist enttäuscht: „Ich dachte, sie vertraut uns. Ich kenne Frau Krause schon ewig. Immer wenn ich bei Tante Irene war, habe ich sie auch gesehen. Und jetzt glaubt sie, ich würde Schindluder mit ihrer Wohnung treiben. Wie können wir ihr denn zeigen, dass wir wirklich nur das Beste für sie wollen?"

Die Konfrontation, welche die Freunde mit Frau Krause hatten, ist nicht ganz unüblich bei der sogenannten funktionellen Entkoppelung, also wenn Eigentum und Vermietung der Immobilie voneinander getrennt werden. Soll beides in Personalunion betrieben werden, so müssten Vermietende zunächst das Kapital aufbringen, um eine Wohnung zu erwerben, bevor sie diese vermieten könnten. Dadurch wäre es natürlich schwierig, mehr als eine Wohnung zu erwerben und zu vermieten. Somit würde es sehr viele Vermietende mit jeweils nur sehr wenigen Wohnungen geben. Vorteile, welche sich aus der Vermietung von mehreren Wohnungen gleichzeitig ergeben, würden kaum greifen. Etwa, dass durch die Abnahme größerer Mengen Rabatte beim Einkauf oder für Dienstleistungen ausgehandelt werden können oder erstellte Vorlagen für Analysen für mehrere Objekte genutzt werden können. Auch müssten alle Vermietende sich sowohl mit dem Kauf und der Finanzierung einer Immobilie auskennen als auch mit den Besonderheiten der Vermietung, um einen möglichst großen finanziellen Erfolg zu haben. Durch die funktionelle Entkoppelung kann auch dieses Wissen entkoppelt werden. So können Investoren beispielsweise Ferienimmobilien erwerben, um sie dann von professionellen Vermietenden vertreiben zu lassen. Diese wiederum hätten durch die Vielzahl an Wohnungen einerseits einen besseren Marktüberblick, andererseits könnten sie durch die Mehreinnahmen vermutlich von ihrem Verdienst leben und müssten die Vermietung nicht neben einem anderen Beruf betreiben. Somit könnten die Vermietungsprozesse effizienter gestaltet und die Steuerung durch Revenue Management optimierter betrieben werden. Allerdings müssten Eigentümer dafür sowohl ihre Wohnung, in der oftmals viel Erspartes steckt, in fremde Hände geben, was einen deutlichen Vertrauensvorschuss bedeutet. Ebenso geben sie die Buchungsdaten ihrer Gäste an Vermietende, welche ggf. auch die Vermarktung für Objekte im direkten Marktumfeld übernommen haben. Die Frage, ob sich professionelle Vermieter:innen wirklich optimal für die einzelne Wohnung einsetzen oder doch eher die Wohnung des Nachbarn nach vorn treiben, ist nur schwer ganz aus der Welt zu schaffen. Gerade wenn Revenue-Management-Strategien von bisherigen Vermietungspraktiken abweichen oder auf ein anderes Verhältnis zwischen Belegungstagen und Rate abzielen, um den höchstmöglichen RevPAU zu erreichen, kann es Diskrepanzen geben. Einige Eigentümer:innen haben den Wunsch, die Immobilie zeitweise auch selbst zu nutzen, was die Ertragsmöglichkeiten der Immobilie schmälert. Vermieter:innen, welche auf Provisionsbasis für die Vermietung bezahlt werden, haben ein Interesse an möglichst hohen Mieteinnahmen. Sobald die Ferienimmobilie auch selbst genutzt wird, fällt üblicherweise eine Zweitwohnsitzsteuer an. In manchen Kommunen kann diese reduziert werden, indem eine gewisse Anzahl an Belegungstagen nachgewiesen werden kann. In solchen Fällen kann es für die Eigentümer sinnvoller sein, die entsprechenden Belegungstage zu erreichen als die höchstmögliche Rate. Aus Sicht der Vermietenden sind möglichst hohe Raten oftmals zu bevorzugen, da sie das Potenzial der Immobilie besser nutzen und im Gegensatz zu den Belegungstagen nicht grundsätzlich limitiert sind. Eine offene Kommunikation über die Erwartungen und Zielsetzungen der Vermietung einer Immobilie ist zu Beginn einer Partnerschaft daher in jedem Fall sinnvoll. Das übliche Entlohnungsmodell, die Provision, hat vor allem den Grund, die Ziele von Eigentümern und Vermietenden kongruent zu halten. Wenn Vermieter:innen lediglich dann Geld verdienen, wenn die

Immobilie vermietet wird, und dann auch nur einen Prozentsatz des erzielten Umsatzes, so tragen sie das volle Risiko, während den Eigentümern nur Kosten entstehen, wenn tatsächlich eine Vermietung zustande kommt. Durch dieses Entlohnungsmodell sollen professionelle Vermieter:innen einen möglichst großen Anreiz haben, den Umsatz und damit auch ihren Verdienst zu optimieren. Wenn Eigentümer:innen aber als Ziel haben, eine kritische Menge an Belegungstagen zu erreichen, ggf. auch zu einer geringeren Rate, so können die Ziele von beiden Parteien trotz des Provisionsmodells schnell voneinander abweichen. In diesem Fall könnten bestimmte Vertragsvereinbarungen helfen, die Ziele wieder zu harmonisieren. Etwa einen Bonus, welchen Vermietende bekommen, wenn die kritische Anzahl an Belegungstagen erreicht ist. Oder einen höheren Provisionssatz für Belegungen, welche über die benötigten Belegungstage hinausgehen. Oder eine feste Vergütung, die ab einer kritischen Menge an Übernachtungen je Monat bezahlt wird, unabhängig von der Rate. In diesem Fall müsste die Saisonalität allerdings in die jeweiligen Monatsziele mit einkalkuliert werden. Bei diesen Modellen ist zu entscheiden, ob es sich um zusätzliche Zahlungen handelt oder ob der Provisionssatz etwas reduziert wird, um die Kosten für die Eigentümer zu reduzieren. Andersherum wäre es auch möglich, dass die Vermietenden eine Garantie für die Erreichung der Mindestbelegungstage abgeben. Sollte diese nicht erreicht werden, so könnte eine Strafzahlung bzw. eine Reduzierung der Provision vereinbart werden.

Klar kommunizierte Differenzen in der Zielvorstellung lassen sich oftmals durch entsprechende Vereinbarungen harmonisieren, sodass beide Parteien von der Erreichung derselben Ziele profitieren. Etwas schwieriger gestaltet es sich, wenn Eigentümer und Vermieterin nicht die gleichen Präferenzen in Bezug auf Risiko und Sicherheit haben und somit unterschiedliche Strategieansätze wählen. In Kapitel 3.3 haben die drei Freunde diskutiert, ob es besser wäre, die Restriktionen in der Osterwoche beizubehalten oder ob es besser wäre, diese zu lockern, um mit größerer Sicherheit Buchungen zu erhalten. Das Beibehalten von Restriktionen bzw. hohen Raten basiert auf der Annahme, dass es kurzfristig noch Nachfrage geben wird und dass diese, da die Verfügbarkeit im Markt vermutlich geringer sein wird als langfristig, eine höhere Zahlungsbereitschaft hat und somit höhere Preise durchgesetzt werden können. Wenn die Strategie aufgeht und Buchungen gemäß der gesetzten Restriktionen realisiert werden, so sind diese meist hochprofitabel. Allerdings ist die Strategie auch sehr riskant. Kommt keine Buchung, so steht im schlimmsten Fall die Wohnung über mehrere Tage leer, da sie immer für die möglichst optimale Buchung freigehalten wurde. Auch ein kurzfristiger, massiver Preisnachlass kann Kunden verunsichern, sofern sie diesen bemerken. Das Absenken von Preisen oder Lockern von Restriktionen birgt zwar weniger Risiko, allerdings werden auch die Chancen auf hohe Umsätze deutlich reduziert. Welche Strategie letztendlich die bessere ist, lässt sich oft auch im Nachhinein kaum beurteilen, da keine alternative Realität gelebt werden kann. Ist die Wohnung zu niedrigen Raten oder geringeren Aufenthaltsdauern vermietet, kann nicht mit Sicherheit gesagt werden, ob sie später noch zu besseren Konditionen gebucht worden wäre. Lediglich wenn die Hochpreisstrategie konsequent durchgezogen und zum Erfolg geführt hat, lässt sich ableiten, dass es wohl die richtige Entscheidung war, die Restriktionen nicht vorzeitig zu lockern. Es kann jedoch nicht bestimmt werden, ob diese noch strenger hätten sein können und dennoch zu einer Buchung geführt hätten. Um trotz dieser Unsicherheiten eine möglichst fundierte Entscheidung für eine Strategie zu treffen, hilft der Bezug auf Kennzahlen und Analysen. So kann anhand der üblichen Vorausbuchungsfrist ungefähr ausgerechnet werden, wann mit Anfragen zu rechnen ist. Allerdings wird die Vorausbuchungsfrist auch immer durch die Verfügbarkeit der Immobilie mitbeeinflusst. Je langfristiger sie verfügbar ist, desto langfristiger kann sie gebucht werden. Wenn sie kurzfristig nicht mehr verfügbar ist, kann sie kurzfristig auch nicht mehr gebucht werden. Doch gerade bei der Vermietung von mehreren Wohnungen lassen sich hier teilweise Nachfragetrends ablesen, wann mit der Nachfrage für ein bestimmtes Datum zu rechnen ist. Auch die Verfügbarkeit im Marktumfeld kann entweder anhand eigener Vermietungsobjekte oder anhand der Analyse der Buchungsportale analysiert werden. Bei einer hohen Verfügbarkeit im Marktumfeld ist die Wahrscheinlichkeit, dass genau eine bestimmte Wohnung gebucht wird, geringer, als wenn es die letzte verfügbare Wohnung im Markt ist. Auch Preisentwicklungen im Marktumfeld können ein Indikator dafür sein, wie andere Vermieter:innen die Nachfragesituation einschätzen. Je offener Vermietende und Eigentümer:innen über diese Zahlen und Analysen sprechen, desto eher kann Misstrauen vermieden und eine gemeinsame Entscheidungsgrundlage geschaffen werden. Wenn die Interpretationen der Zahlen dann dennoch unterschiedlich ausfallen, so sollte frühzeitig entschieden werden, wer das letzte Wort hat und damit die Verantwortung trägt. Aufgrund des höheren finanziellen Risikos ist das oftmals der Eigentümer bzw. die Eigentümerin der Immobilie. Alternativ wäre auch ein Testszenario denkbar, vorausgesetzt, der Zeitraum ist entsprechend groß. So könnte für Christi Himmelfahrt eine Strategie mit sehr strengen Restriktionen und hohen Preisen gefahren werden, für Fronleichnam eine lockerere Strategie zu niedrigeren Preisen und dem Zulassen von kürzeren Aufenthaltsdauern. Anhand des RevPAUs lässt sich am Ende eindeutig festlegen, welche Strategie für diese Feiertage die erfolgreichere war, sodass diese zukünftig einheitlich angewendet werden kann. Dieses Testen ist bei einmaligen Zeitpunkten, wie beispielsweise Silvester, natürlich schwierig, sofern nur eine Wohnung des Eigentümers zur Verfügung steht. Hier könnte ein Test mit einem Jahr Versatz stattfinden, wobei das Ergebnis aufgrund der langen Zeitspanne und der Vielzahl von Einflüssen auf das Buchungsverhalten kaum belastbar wäre.

Wie bereits erwähnt, lässt sich der Verdacht von Eigentümer:innen, dass Vermietende andere Wohnungen bevorzugt behandeln würden, nur sehr schwer entkräften, gerade wenn die Wohnung des jeweiligen Eigentümers eine vergleichsweise schwache Belegung aufweist. Bei einigen Portalen kann durch die Erhöhung des Provisionssatzes die Platzierung innerhalb der Suchergebnisse verbessert werden. Für Vermietungen bietet sich eine solch käufliche Vorzugsbehandlung allerdings nicht an, da sie durch Offline-Buchungskanäle nicht transparent ist und das Yield Management immer auf den optimierten RevPAU ausgelegt sein sollte. Jegliches Versprechen, es durch die Zahlung von höheren Gebühren noch weiter zu optimieren, zieht die bisherigen Tätigkeiten ins Lächerliche. Um sich dem Misstrauen von Eigentümer:innen möglichst nicht aussetzen zu müssen, sollten Vermietende darauf achten, dass unterschiedliche Immobilien möglichst gleichmäßig belegt werden. Wenn eine Wohnung deutlich unterdurchschnittliche Belegungstage aufweist, so sollten die Gründe hierfür genau analysiert und mit den Eigentümern diskutiert werden. Es liegt in der Natur der Sache, dass Eigentümer:innen das Versäumnis hier eher in der Revenue-Management-Strategie sehen und Vermietende eher in der Ausstattung und dem Zustand des Objektes. Mit etwas Glück lassen sich Argumente anhand von Daten vergleichbarer Objekte bestärken oder entkräften.

Die Freunde haben mit Frau Krause vereinbart, dass sie ihr wöchentlich die Buchungsstandtabelle inklusive des Vergleichs zum selben Zeitpunkt im Vorjahr sowie die Pick-Up-Tabelle und den Forecast zusenden. Einmal im Monat besprechen sie dann die Interpretation der Zahlen und die abgeleiteten Strategien. Ebenfalls monatlich erhält Frau Krause auch den Vergleich der Belegungstage der beiden Wohnungen, sodass kein Zweifel bei der Gleichbehandlung aufkommt. Zwischen diesen monatlichen Meetings darf Frau Krause die Revenue-Management-Strategie der Freunde nur in Ausnahmefällen infrage stellen.

5.2 Revenue Management im Agenturbetrieb

Nach einigen dieser monatlichen Treffen mit Frau Krause ist das beidseitige Vertrauen gewachsen. Katrin, Salim und Miriam haben gelernt, Unterschiede in den Belegungstagen zwischen beiden Wohnungen genau zu analysieren, um die Begründung so stets parat zu haben. Frau Krause hat gelernt, dass Restriktionen wie Mindestaufenthalte zwar manche Stammgäste verärgern, letztendlich aber zu weniger Leerstand und mehr Belegungstagen führen. Im Laufe des ersten Jahres hat sich die Zusammenarbeit immer besser eingespielt und beide Parteien waren mit der Entwicklung zufrieden. Immer mehr Eigentümer:innen in der Region wurden auf das Trio aufmerksam und baten die drei Freunde, auch ihre Wohnungen zu vermieten. So lohnte es sich für die Freunde nach einiger Zeit, eigene Hausmeister und Reinigungskräfte einzustellen, da sie diese durch die Vielzahl an Wohnungen gut beschäftigen und so die Kosten senken konnten. Nach und nach gaben die drei ihre eigentlichen Berufe auf und kümmerten sich Vollzeit um die Vermietung von Ferienwohnungen. Anfangs hatten sie für alle hinzukommenden Wohnungen die Strategien kopiert, welche sie für das Möwennest und den Seestern angewendet hatten. Sie hatten die Analysen weiter verfeinert, Tabellenkalkulationen automatisiert und Prozesse eingeführt, um auf dem Laufenden zu bleiben, doch das fiel ihnen zunehmend schwerer. „Mir dröhnt so der Kopf!", stöhnt Katrin inzwischen regelmäßig. „Ich werde heute Nacht wieder von Tabellenkalkulationen träumen. So viele Pick Ups und Buchungsstände, wie ich mir heute schon angesehen habe …" „Ich weiß eh nicht, wie du das machst", erwidert Salim. „Nach dem zweiten Pick Up, den ich mir anschaue, tanzen in meinem Kopf alle Zahlen durcheinander und ich weiß schon gar nicht mehr, was ich eben gelesen habe." „Hm, das macht natürlich nicht wirklich Sinn", meint nun auch Miriam. „Wir starren hier auf Zahlenreihen, bis uns die Köpfe rauchen, aber so richtige Informationen können wir daraus nicht ziehen. Zumal wir kaum noch Zeit haben, die Zahlen zu interpretieren. Vielleicht müssten wir uns hier irgendwie anders organisieren. Sodass wir nur noch die Zahlen sehen, die wirklich wichtig für uns sind." „Das wäre toll!", meint Katrin. „Weniger Zahlen, aber genau die, die wir brauchen. Also zum Beispiel die Wohnungen, die grad besonders gut oder besonders schlecht laufen. Oder die Zeiträume, die langsam kritisch werden ... ginge das, Miri? Kannst du da was programmieren?" „Jetzt mal langsam", bremst Salim. „Bevor Miriam hier die ganzen Tabellen-Tapeten noch komplizierter macht, lasst uns erst mal überlegen, was wir wirklich brauchen. Reduzierung aufs Wesentliche quasi. Danach können wir ja immer noch schauen, wie wir das dann umsetzen."

Bei der professionellen und umfassenden Vermietung von Ferienimmobilien lassen sich die Revenue-Management-Strategien, welche für einzelne Immobilien angewendet werden, kaum umsetzen. Gleichzeitig wird sämtlichen wirtschaftlichen Kennzahlen eine Dimension hinzugefügt: Nun geht es nicht mehr ausschließlich darum, ob die Vermietung von einzelnen Objekten wirtschaftlich ist, sondern auch, ob die Agentur als Ganzes wirtschaftlich betrieben wird oder Optimierungsbedarf hat. Als sie die Kennzahlen für nur eine Wohnung betrachtet haben, schauten die drei Freunde zunächst auf die Belegungstage, Umsätze und Durchschnittsraten der einzelnen Monate und bewerteten diese anhand vom Vergleichszeitraum des Vorjahres bzw. später auch anhand ihres Budgets. Wenn die Zahlen näher analysiert werden sollten, beispielsweise weil sie die Erwartungen übertroffen oder nicht erreicht haben, so sind die Freunde weiter ins Detail gegangen, haben beispielsweise einzelne Wochen oder auch einzelne Buchungen herausgefiltert, um Unterschiede zu verstehen. Im Agenturbetrieb erfolgt der Einstieg nun eine Ebene höher, es werden die Belegungstage, Umsätze und Durchschnittsraten von allen Objekten, welche vermietet werden, aggregiert. Auch diese Zahlen werden im Vergleich zu den Vorjahreszahlen und – falls vorhanden – im Vergleich zum Budget oder Forecast bewertet. Die Schwierigkeit bei dem Vorjahresvergleich ist hierbei, dass die Anzahl der Wohnungen sich im Vergleich zum Vorjahr verändert hat und somit die Vergleichsbasis eine andere ist. Wenn eine Agentur im Vorjahr 150 Objekte vermietet hat und mit diesen 30.660 Belegungstage mit einer Durchschnittsrate von 157,83 € netto erzielt hat, in diesem Jahr jedoch 223 Objekte zum Vermieten hat, sind die Kennzahlen nur schwer direkt miteinander vergleichbar.

Tabelle 5.2 zeigt beispielhaft die Kennzahlen der beiden Jahre. Dafür, dass das aktuelle Jahr das stärkere ist, sprechen die gestiegenen Belegungstage, die höhere Durchschnittsrate und der Mehrumsatz. Allerdings ist die Belegung im Vergleich zum Vorjahr deutlich gesunken. Ausschlaggebend ist auch hier wieder der RevPAU, dieser ist im aktuellen Jahr niedriger als im Vorjahr, die Ratensteigerung konnte den Belegungsrück-

Tab. 5.2: Kennzahlenvergleich bei unterschiedlicher Objektanzahl.

	Vorjahr	Aktuelles Jahr
Objekte	150	223
Belegungstage	30.660	33.372
Belegung in %	56 %	41 %
Rate	157,83 €	173,19 €
RevPAU	32.260 €	25.918 €
Umsatz	4.839.068 €	5.779.688 €

gang also nicht ausgleichen. Durch den RevPAU werden die beiden Jahre insofern vergleichbar gemacht, als er zeigt, wie viel Umsatz je zur Verfügung stehendem Objekt generiert wurde. Wenn in einem Jahr mehr oder weniger Objekte zur Verfügung stehen als im Jahr zuvor, so wird dies in die Berechnung mit einbezogen und die Kennzahl ist dennoch vergleichbar. Andererseits kann es in gewissen Fällen sinnvoll sein, nicht alle zur Verfügung stehenden Objekte in den Vorjahresvergleich mit aufzunehmen. Wenn Wohnungen beispielsweise ganz neu in den Markt kommen, so gibt es noch keine Stammkunden, welche direkt ein Jahr im Voraus buchen. Es braucht eine gewisse Anlaufzeit, bis die Wohnungen im Markt bekannt gemacht werden und dann auch eine adäquate Nachfrage anziehen. Wenn diese Wohnungen direkt vom ersten Tag an in die Berechnung der Agenturkennzahlen mit einbezogen werden würden, wären die Kennzahlen des aktuellen Jahres vermutlich wesentlich schlechter als jene des Vorjahres, da die neuen Wohnungen zwar massiv Verfügbarkeit beisteuern jedoch noch nicht ausreichend Belegungstage oder Umsatz. Daher kann es sinnvoll sein, neben dem Vergleich, welcher alle Wohnungen mit einschließt, auch einen sogenannten „Like for Like"-Vergleich zu machen. Dabei werden nur wirklich vergleichbare Objekte verglichen, also jene, die auch im letzten Jahr schon zur Verfügung standen. Wohnungen, welche im Laufe des Jahres hinzugekommen oder ausgeschieden sind, werden ausgeschlossen. Um solch einen Vergleich durchzuführen, muss bei jeder Wohnung bzw. jedem Objekt hinterlegt werden, seit wann es sich im Portfolio der Agentur befindet. Die Differenz zwischen diesem Datum und dem aktuellen Datum ist dann die Zugehörigkeit des Objektes zum Portfolio. Wenn diese ausgerechnet bzw. dargestellt wird, so kann nach dieser Zugehörigkeit gefiltert werden. Wenn dann beispielsweise nur alle Objekte ausgewählt werden, welche eine Zugehörigkeit von mindestens einem Jahr haben, so werden die Umsätze der übrigen Objekte nicht in die aggregierten Kennzahlen mit aufgenommen. Es wird also ein Zustand simuliert, als ob es die neuen Wohnungen im Portfolio noch gar nicht gäbe. Dadurch lassen sich die Kennzahlen der bestehenden Objekte direkter vergleichen und die Aussagekraft in Bezug auf den Erfolg der Revenue-Management-Strategie ist wesentlich größer. Analog sollten auch Wohnungen, welche der Agentur nicht mehr für die Vermietung zur Verfügung stehen, aus dem Vergleich herausgerechnet werden. Hierfür müsste je Objekt ein weiteres Merkmal, nämlich das Enddatum der Zugehörigkeit, erfasst werden. Der Filter müsste nun entsprechend verfeinert werden, sodass neben Objekten mit kurzer Zugehörigkeit auch jene herausgefiltert werden, welche im aktuellen Vergleichszeitraum nicht mehr zum Portfolio gehören. Sinnvoll ist es hierbei, die Kennzahlen der Objekte nicht zu löschen, sondern eben durch diese Daten bezüglich ihrer beschränkten Vergleichbarkeit zu markieren. Wenn ein Objekt zum ersten Oktober aus dem Portfolio ausscheidet, so sollte es für den Jahresvergleich des kompletten Kalenderjahres herausgerechnet werden. Wenn jedoch die Sommerferien miteinander verglichen werden sollen, so sollten die Daten dieser Wohnung auch in den Vergleich mit einfließen (vorausgesetzt, sie gehörte auch im Vorjahr zum Portfolio).

Analog zu den Buchungsständen, Umsätzen und Raten kann auch der Pick Up entsprechend auf Agenturebene aggregiert werden. Aufgrund der Vielzahl an verfügbaren Belegungstagen macht es hier jedoch Sinn, den Pick Up täglich zu betrachten, da sich aller Wahrscheinlichkeit nach täglich Veränderungen ergeben werden. Analog zu einer einzelnen Wohnung kann der Pick Up für die nächsten Wochen oder besondere Zeiträume wie die nächsten Ferien oder die wichtigsten Ferien betrachtet werden. Dieser aggregierte Pick Up ist die Summe aus den Pick Ups der einzelnen Objekte. Jeden Tag jedoch den Pick Up für alle Objekte zu betrachten macht – wie die drei Freunde auch festgestellt haben – wenig Sinn. Nicht bei allen Wohnungen kommen jeden Tag Buchungen hinzu, sodass nicht alle jeden Tag betrachtet werden müssen. Zumal der Aufwand für eine tägliche Betrachtung bei mehreren Hundert Objekten kaum zu rechtfertigen ist. Die Freunde überlegen also, welche Pick Ups sie interessieren. Für Salim ist schnell klar, dass er jene Objekte sehen möchte, die den stärksten Pick Up haben – hier könnte es ja sein, dass etwas an der Preisstrategie geändert werden muss. Dem stimmen Miriam und Katrin zu, allerdings gibt Katrin zu bedenken, dass sie auch jene Objekte ansehen sollten, welche gar keinen Pick Up oder zumindest über einen längeren Zeitraum keinen Pick Up hatten, da sie hier ggf. Maßnahmen ergreifen müssen. Die Objekte mit dem stärksten Pick Up können sie recht einfach aus der Liste herausfiltern und nehmen so in ihren Report neben dem aggregierten Pick Up immer auch die Objekte auf, welche den stärksten Buchungszuwachs hatten, um diese in Bezug auf Yield Management genauer zu betrachten. Bei den Wohnungen mit niedrigem oder gar keinem Pick Up gestaltet sich das schwieriger. Um zu zählen, seit wie vielen Tagen ein Objekt keinen Pick Up hat, müssten sie neben den täglichen Buchungsständen auch die täglichen Pick Ups speichern, was zu einer Unmenge an Daten führen würde. Daher gehen sie den pragmatischen Weg, dass sie für die Betrachtung der schwächsten Objekte den Zeitraum für die Buchungen auf eine Woche setzen. Dadurch sehen sie, wie viele Buchungen innerhalb der letzten sieben Tage getätigt wurden. So können sie wiederum einfach filtern, welche Objekte innerhalb dieses Zeitraums die wenigsten Belegungstage hinzugewonnen haben, um diese genauer zu analysieren. In buchungsschwachen Zeiträumen sind das jedoch so viele Wohnungen, dass sie hier den Zeitraum teilweise noch größer einstellen, um wirklich jene Objekte herauszufiltern, welche unterdurchschnittlich wenige Buchungen erhalten.

Durch diese tägliche Betrachtung der Objekte mit dem stärksten und dem schwächsten Belegungszuwachs lassen sich Ausreißer und damit Handlungsbedarfe schnell erkennen. Allerdings kann es passieren, dass Objekte jedes Mal knapp unter-

oder oberhalb der Grenze für die Anzeige liegen: dass eine Wohnung beispielsweise viele Buchungen hinzugewonnen hat, aber eben nicht so viel wie zehn andere Wohnungen. Oder dass eine Wohnung kaum Belegungstage bekommt, aber doch einen oder zwei mehr als die schwächsten Marktbegleiter. Bei diesen Objekten besteht vermutlich auch Handlungsbedarf, allerdings kann es sein, dass dieser zu spät erkannt wird. Daher beschließen die Freunde, ihre Vielzahl von Wohnungen in Gruppen einzuteilen. Ähnlich wie bei Zielgruppensegmenten sollen diese Gruppen ähnliche Objekte zusammenfassen. So können die Objekte innerhalb einer Gruppe miteinander verglichen werden und Ausreißer werden schneller deutlich. Nach welchen Kriterien diese Gruppen gebildet werden sollen, führt zu langen Diskussionen bei den drei Freunden. Das logischste Kriterium scheint zunächst die Lage zu sein – Wohnungen, welche innerhalb eines engen Umkreises voneinander liegen, sollten gut vergleichbar sein. Allerdings ist eine Wohnung in direkter Strandlage vielleicht eher mit einer Wohnung in direkter Strandlage, aber zehn Kilometer weiter vergleichbar als mit der Wohnung, welche nur zwei Kilometer entfernt ist, aber mitten im Ortskern liegt. Gleichzeitig sollte zur Vergleichbarkeit neben der Lage aber auch die Größe der Wohnung eine Rolle spielen. Die Freunde beschließen daher, jedes Objekt nach drei verschiedenen Parametern zu klassifizieren: nach der jeweiligen Postleitzahl, also der tatsächlichen geografischen Lage, nach der Mikrolage, wie direkte Strandlage oder Talblick in den Bergen, und nach der Größe der Wohnung.

Tabelle 5.3 zeigt eine beispielhafte Einteilung der einzelnen Wohnungen. Wie stark die einzelnen Kriterien unterschieden werden, hängt auch von der Größe der Gruppe ab. Idealerweise sollten in jeder Gruppe – unabhängig, ob in jener der Größe L oder jener der mit D-Lage – etwa 20 bis 50 Objekte enthalten sein. Bei einem sehr homogenen Portfolio können es aber durchaus auch mehr sein. Je nach Verfügbarkeit der Objekte kann auch entschieden werden, wie groß der PLZ-Bereich gefasst werden soll. Mit diesen Kriterien können die Freunde nun auswählen, ob sie nach nur einem Kriterium filtern oder nach einer Kombination. Eine Kombination aus allen drei Kriterien ergibt sehr ähnliche Wohnungen, allerdings gibt es hier vermutlich nur wenige Treffer. Üblicherweise gruppieren die Freunde einmal nach PLZ-Gebieten. So können sie die Wohnungen einer bestimmten Region miteinander vergleichen. Je weiter das PLZ-Gebiet gefasst ist, desto mehr Sinn kann es machen, die Lage noch mit hinzuzu-

Tab. 5.3: Beispielhafte Einteilung von Wohnungen in Gruppen.

Postleitzahlengebiet	Mikrolage		Größe der Wohnung	
	A	Toplage	S	bis 30 qm
	B	zweite Reihe, seitlicher Blick	M	31 bis 40 qm
	C	gute Lage ohne Besonderheiten	L	41 bis 55 qm
	D	Lage mit Einschränkungen	XL	56 bis 70 qm
			XXL	> 70 qm

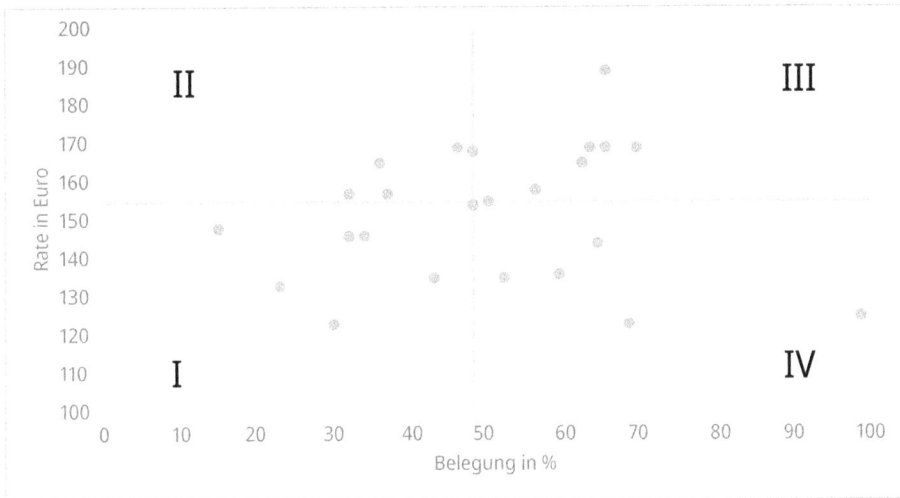

Abb. 5.1: Einteilung von Objekten nach Belegung und Rate.

nehmen. Somit lassen sich Kennzahlenunterschiede aufgrund der Lage ausschließen und Handlungsfelder deutlicher erkennen.

Abbildung 5.1 zeigt, wie 24 Objekte eines Postleitzahlenraums und mit ähnlicher Lage gemäß ihrer Belegung und Rate grafisch beurteilt werden können. Die Achsen schneiden jeweils am Median der Werte. Bei der Belegung liegt der Median bei 48 %, bei der Rate bei 155 €. Jene Objekte in Feld I liegen also sowohl bei der Rate als auch bei der Belegung unterhalb dieses Durchschnitts. Hier besteht akuter Handlungsbedarf, der umso größer ist, je weiter die Punkte von den Achsen entfernt liegen. Die Wohnungen in Feld II weisen eine unterdurchschnittliche Belegung aber eine überdurchschnittliche Rate auf. Hier könnte versucht werden, die Rate etwas zu senken, um ggf. eine bessere Belegung zu erzielen. In Feld III finden sich die Wohnungen mit überdurchschnittlicher Rate und überdurchschnittlicher Belegung. Hier können ggf. stärkere Restriktionen gesetzt werden, um so die starke Nachfrage auszunutzen und die Buchungen zu optimieren. Die Wohnungen in Feld IV weisen eine überdurchschnittliche Belegung aber eine unterdurchschnittliche Rate auf. Hier sollten die Raten zulasten der Belegung erhöht werden, um ein besseres Verhältnis zwischen Belegung und Rate zu erzielen.

Diese Portfolioanalysen – jeweils für einzelne, vergleichbare Gruppen – betrachten die Freunde nun täglich und können so Ausreißer schnell identifizieren und gegensteuern, ohne alle Objekte täglich analysieren zu müssen. Zudem nutzen sie diese Portfolioanalysen auch für die Gespräche mit einzelnen Eigentümer:innen. Diese können so die Belegung und Rate ihrer eigenen Wohnung im Vergleich zu ähnlichen Wohnungen deutlich sehen und bekommen somit oft ein realistischeres Bild, welche Preise und Belegungen möglich sind. Durch das aktive Gegensteuern der Freunde bei Abweichungen gibt es kaum noch Wohnungen, welche massiv vom Median abweichen. Somit können sie die Grafik auch gut nutzen, um den Eigentümer:innen zu zeigen, dass ihre jeweilige Wohnung nicht schlechter vermarktet wird als Vergleichsobjekte. Anstelle der Durchschnittsrate kann natürlich auch der Deckungsbeitrag als Kennzahl herangezogen werden, um die Kostenseite mit in die Überlegungen einzubeziehen. Diese Analysen – den Pick Up und die Portfolioanalyse – betrachten die Freunde nun regelmäßig und haben so einen guten Überblick, wie ihr Geschäftsmodell, die Agentur als Ganzes, läuft, und gleichzeitig ein Auge auf die einzelnen Wohnungen. Durch Filtereinstellungen können sie eine einzelne Wohnung immer im Vergleich zum Durchschnitt der Vergleichsgruppe (nach unterschiedlichen Kriterien) sehen und auch den Belegungsstand im Vergleich zum Vorjahr für einzelne Objekte. Diese Auswertungen teilen sie mit den Eigentümer:innen, sodass diese einen Überblick über die wirtschaftliche Lage ihrer Immobilie haben. Allerdings sind sie mit dem Yielding noch nicht ganz zufrieden. Durch die Anzeige der stärksten und der schwächsten Zuwächse beim Pick Up und durch die Portfolioanalyse sehen sie immer die einzelnen Wohnungen, um welche sie sich unmittelbar kümmern müssen, und passen hier die Preise und Restriktionen individuell an. Allerdings könnte es passieren, dass Wohnungen, welche nicht den allerstärksten Pick Up hatten oder nicht weit über- oder unterdurchschnittliche in Rate oder Belegung sind, dabei nicht beachtet werden, da ja scheinbar kein unmittelbarer Handlungsbedarf besteht. Dadurch könnte Optimierungspotenzial bei diesen Wohnungen übersehen werden. Um diese Wohnungen herauszufinden, hat jeder der drei im Laufe der Zeit eigene Filterstrategien entwickelt. Katrin schaut beim Pick Up, welche Zeiträume besonders stark nachgefragt sind, und lässt sich für diese Zeiträume die einzelnen Wohnungen anzeigen. Miriam schaut auf die Differenz zum Vorjahres-SPIT und betrachtet hier die Wohnungen, die weit über oder unter dem Vorjahr liegen. Salim vergleicht die einzelnen PLZ-Gruppen miteinander und prüft, welche Region den stärksten bzw. schwächsten Buchungsstand hat. Innerhalb dieser Region prüft er dann die einzelnen Wohnungen auf Handlungsbedarfe. Da die Freunde sich mit den Analysen abwechseln, wird in der Praxis eine Kombination aus allen drei Analysestrategien genutzt. Dieses Vorgehen reduziert die Gefahr, doch etwas zu übersehen. Aber auch bei der Anwendung einer einzelnen dieser Analysestrategien sind die Wohnungen, bei welchem das Yield Management überprüft werden sollte, gut auszumachen.

Miriam ist jedoch noch nicht ganz zufrieden: Aktuell passen sie die Raten und Verfügbarkeiten bei den Wohnungen an, die besonders stark oder besonders schwach bei Belegung oder Rate sind. Allerdings reagieren sie damit nur auf Buchungsstände, sie sind also immer einen Schritt hinterher. Sie erinnert an die Zeit, als sie das Möwennest und den Seestern zusammen gesteuert haben. Wenn eine Wohnung eine starke Belegung hatte, haben sie den Preis der anderen oftmals etwas hochgesetzt, da sie davon ausgingen, dass die Nachfrage hier bald auch ankommen würde, wenn die Verfügbarkeit im Markt geringer würde. Somit waren sie der Nachfrage einen Schritt voraus, konnten agieren statt nur reagieren. Bei so vielen Wohnungen, wie sie jetzt vermieten, sollte solch ein Agieren doch auch möglich sein. Somit beginnen die Freun-

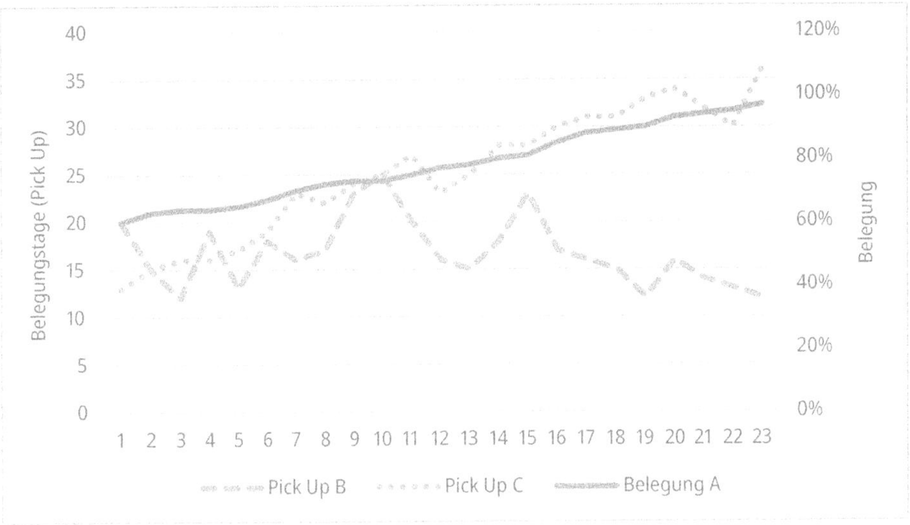

Abb. 5.2: Korrelationsanalyse Belegung und Pick Up unterschiedlicher Regionen.

de, die Daten noch weiter zu nutzen. Wenn ein starker Zuwachs in der Belegung bei den A-Lage-Wohnungen zu verzeichnen ist, gehen sie davon aus, dass diese demnächst ausgebucht sein werden und die Nachfrage auf die B-Lagen übergeht, weswegen sie deren Preise nochmals genauer prüfen. Wenn in einer Region ein sehr starker Zuwachs an Buchungen ist, so prüfen sie nicht nur die Preise von Wohnungen in dieser Region, sondern gehen auch davon aus, dass die Nachfrage bald auf die Nachbarregionen übergehen wird. Um hier genauer zu verstehen, auf welche Region sich der Nachfrageüberhang einer (fast) ausgebuchten Region verlagert, führt Miriam Korrelationsanalysen durch. Dafür betrachtet sie die zunehmende Belegung einer Region (A) und im gleichen Zeitraum den Pick Up der beiden Nachbarregionen B und C (vgl. Abbildung 5.2).

Durch das Schaubild wird deutlich, dass die Belegung von Region A relativ kontinuierlich steigt. Der Pick Up von Region B scheint sich recht unabhängig von dieser steigenden Linie zu bewegen und mit steigender Belegung von Region A sogar eher nachzulassen. Der Zuwachs an Belegungstagen in Region C scheint jedoch mit steigender Belegung und dadurch geringerer Verfügbarkeit in Region A kontinuierlich zuzunehmen. Um diese Abhängigkeiten der Entwicklung nicht nur grafisch abzuleiten, berechnet Miriam den Pearson-Korrelationskoeffizienten. Dieser lässt sich als Formel in ihrem Tabellenkalkulationsprogramm einfach hinterlegen. Dieser Korrelationskoeffizient wird auf Basis der beiden Zahlenreihen, also Belegung Region A und Pick Up Region B, berechnet. Er kann Werte zwischen –1 und 1 annehmen. Ist er kleiner als null, so bedeutet dies, dass die Reihen sich in unterschiedliche Richtungen entwickeln, es liegt eine „je mehr …, desto weniger …"-Beziehung vor. Bei Werten größer null entwickeln sich beide Werte in die gleiche Richtung, es liegt also eine „je mehr …, desto mehr ..."-Beziehung vor. Je kleiner der absolute Wert ist, also die Zahl unabhängig vom Vorzeichen, desto geringer ist der Einfluss. Je näher der Wert bei –1 bzw. 1 liegt, desto größer ist der Zusammenhang zwischen beiden Werten. Im Beispiel oben ist der Korrelationskoeffizient von Belegung A und Pick Up B –0,334. Es ist eine negative Zahl, d. h., je mehr Belegung es in Region A gibt, desto geringer ist der Pick Up in Region B. Gleichzeitig ist der Wert relativ klein, also nicht nah bei –1 oder 1, d. h., die beiden Werte entwickeln sich eher unabhängig, sie scheinen keinen Einfluss aufeinander zu haben. Der Korrelationskoeffizient von Belegung A und Pick Up C ist 0,961. Dieser Wert ist positiv, beide Werte entwickeln sich also in die gleiche Richtung: Je mehr Belegung Region A aufweist, desto stärker ist der Pick Up in Region C. Da der Wert sehr hoch, also nahe eins liegt, ist von einem starken Zusammenhang auszugehen. Je mehr Daten für solch eine Korrelationsanalyse vorliegen, desto valider sind natürlich die Aussagen. Aus dieser Analyse kann abgeleitet werden, dass, wenn Region A zunehmend ausgebucht ist, die Nachfrage sich auf Region C verlagert. Der Pick Up in Region B scheint von der Belegungslage in Region A relativ unabhängig. Dank dieser Analysen beginnen die Freunde nun, wenn die Belegung in Region A steigt, die Preise in Region C genau zu prüfen und ggf. anzupassen, da sie davon ausgehen, dass die Nachfrage bald steigen wird. Wenn Preisanpassungen für viele Wohnungen nötig sind, so führen sie diese nicht einzeln durch, sondern gruppieren ihre Wohnungen wieder gemäß den Kriterien, je nachdem aus welchem Grund die Preise angepasst werden sollen. So können sie beispielsweise jene Wohnungen herausfiltern, welche in Region C in einer A- oder B-Lage liegen und im entsprechenden Zeitraum eine Belegung von mindestens 50 % haben. Somit können sie sehr zielgerichtet die Preise ändern und laufen auch nicht Gefahr, ein Objekt zu übersehen und Optimierungspotenziale nicht zu nutzen. Durch den Filter auf die Belegung stellen sie sicher, dass sie nur jene Wohnungen im Preis erhöhen, welche in Abbildung 5.1 eine überdurchschnittliche Belegung aufwiesen. Würden die Preise einfach für alle Objekte in der entsprechenden Region und Lage erhöht, so könnten Wohnungen im Feld B bei Abbildung 5.1 ggf. eine noch schlechtere Belegung bekommen, da die Preise nicht der Zahlungsbereitschaft der Nachfrage für diese Objekte entsprechen.

Vor einer weiteren Herausforderung stehen die Freunde, als es darum geht, ein Budget festzulegen. Einerseits hätten sie gerne ein Budget bzw. dann auch einen Forecast für jede einzelne Wohnung, möglichst auch tagesgenau. Diese jedoch einzeln zu erstellen, wäre zu viel Aufwand. Sie nehmen daher zunächst die Agentur-Perspektive ein und behandeln die Agentur mit all ihren Wohnungen wie eine einzelne Wohnung. Sie erstellen einen Nachfragekalender mit den Feiertagen und Ferien und den wichtigsten Veranstaltungen. Dann suchen sie nach Vergleichszeiträumen im aktuellen Jahr und orientieren sich an den dort erreichten Belegungstagen und Raten. Je nach Entwicklungen und Strategien rechnen sie eine gewisse Steigerung hinzu. Analog zur Budgeterstellung bei einer einzelnen Wohnung überprüfen sie nun, ob das Budget in den einzelnen Monaten und im gesamten Jahr in Bezug auf Belegungs- und Ratensteigerung plausibel ist oder ob noch Änderungen vorgenommen werden sollten (vgl.

Tabelle 4.6 und 4.7). Da die Kalkulation der Raten nicht auf Basis der Übernachtungspreise, sondern bezogen auf die tatsächlich realisierten Raten im Vorjahr getätigt
wurde, ist eine Umrechnung der Aufenthaltstage auf Aufenthalte nicht nötig, da die
einmaligen Raten je Aufenthalt bereits in den Raten berücksichtigt sind. Ob eine Aufteilung auf Distributionskanäle nötig ist, um die Kosten zu berechnen und entsprechend abzuziehen, hängt davon ab, ob die Raten, welche vom Vorjahr als Basis genommen wurden, bereits ohne Distributionskosten berechnet wurden oder ob diese
hier noch enthalten sind. Somit steht das Budget für die ganze Agentur. Um ihre
tatsächlichen Einnahmen zu berechnen, müssen die Freunde nun von den Umsätzen
noch die prozentualen Beträge berechnen, welche ihnen als Provision zustehen.

Nachdem Belegungstage, Raten und Umsätze für die ganze Agentur auf Basis des
Nachfragekalenders und der Entwicklung festgelegt wurden, kann dieses Budget auf
die einzelnen Regionen verteilt werden. Diese Verteilung kann zunächst nach den
prozentualen Aufteilungen des Vorjahres vorgenommen werden. Wenn im Vorjahr
13 % der Belegungstage und 15 % des Umsatzes der Agentur aus Region A stammten,
so kann auch für das kommende Jahr wieder grob von dieser Verteilung ausgegangen
werden. Genauer lässt sich dies kalkulieren, wenn Nachfragekalender je Region erstellt werden und somit geprüft werden kann, in welcher Region es mehr oder weniger Veranstaltungen als im Vorjahr gibt. Diese Verschiebung an Veranstaltungen könnte die Anteile der Regionen untereinander verschieben. Wenn Veranstaltungen jedoch
grundsätzlich jedes Jahr stattfinden bzw. die Jahre miteinander vergleichbar sind, so
ist eine prozentuale Aufteilung ausreichend. Die Budgets der einzelnen Regionen können dann wiederum mit den jeweiligen Prozentsätzen auf die einzelnen Wohnungen
verteilt werden. Hier ist ggf. noch eine manuelle Prüfung nötig, da durch die mehrstu-
fige prozentuale Verteilung halbe Belegungstage zustande kommen. Wenn für eine
Wohnung nun täglich ein halber Belegungstag kalkuliert wird, so sollten es bei einem
Monat mit 30 Tagen 15 Belegungstage sein. Je nach Rundung kann es sein, dass die
0,5 pro Tag auf 0 oder auf 1 gerundet werden und somit zu viele oder zu wenige
Belegungstage als sichtbare Zahl angezeigt werden. Für den Forecast bietet es sich
an, diesen auf Regionsebene zu pflegen. Somit können regionale Entwicklungen gut
erkannt und reflektiert werden. Diese Regionen werden dann aufsummiert auf den
Agentur-Forecast und prozentual aufgeteilt auf den Forecast für die einzelnen Wohnungen. Auch hier ist in regelmäßigen Abständen ein genauer Blick auf das große
Ganze hilfreich, ob die Forecasts der einzelnen Wohnungen grundsätzlich sinnvoll
sind. Bei den Wohnungen kann beispielsweise auf die Kennzahl „nötiger Pick Up zum
Forecast" geschaut werden – wenn hier nach negativen Zahlen gefiltert wird, lässt
sich rasch erkennen, welche Wohnung bereits mehr Belegungstage hat, als die prozentuale Verteilung vorgesehen hat. Sofern es keinen Grund gibt, mit Stornierungen von
Belegungstagen zu rechnen, sollten die Belegungstage daher mindestens auf den aktuellen Buchungsstand angehoben werden. Gegebenenfalls können dafür bei anderen
Wohnungen, welche noch viele Belegungstage bis zum Forecast benötigen, diese etwas
reduziert werden, somit würde der Forecast für die Region in Summe gleich bleiben.

Wohnungen, welche neu hinzukommen, sind bei dem Budget bzw. Forecast nicht berücksichtigt, da diese auf dem Vorjahr basieren. Wenn eine Wohnung neu hinzukommt, können aus der Datenbank nach den jeweiligen Gruppen Wohnungen mit ähnlichen Parametern herausgefiltert werden. Anhand dieser ähnlichen Wohnungen in Bezug auf Region, Lage und Größe können zukünftige Belegung und Rate prognostiziert werden. Im ersten Jahr können diese mit einem Abschlag versehen werden, um dem „Hochlaufen" der Wohnung Rechnung zu tragen. Somit kann ein separates Budget für die neuen Wohnungen erstellt werden. Die Summe aus beiden Budgets ist dann das gesamte Budget. Aber solange beide getrennt erstellt und erfasst werden, lassen sich auch hier die neuen Wohnungen herausfiltern und lässt sich somit eine „Like for Like"-Budgetentwicklung darstellen.

5.3 Revenue-Management-Systeme

Bei der Vermietung von mehreren Hundert Wohnungen fallen eine Unmenge an Daten an. Viele Daten lassen sich aus dem PMS ziehen, diese sind dann jedoch als Rohdaten meist nicht so aufbereitet, dass sie direkt analysiert und ausgewertet werden können. Es gibt nun zum einen die Möglichkeit, mit Tabellenkalkulationsprogrammen entsprechende Analysen und Kalkulationen aufzubauen, welche regelmäßig durch aktuelle Rohdaten gespeist werden. Alternativ gibt es Anbieter, welche die Datenaufbereitung übernehmen und durch eine Schnittstelle mit dem PMS direkt Auswertungen und Analysen aus den Rohdaten bereitstellen. Der Vorteil solcher Anbieter ist, dass das Expertenwissen der Datenaufbereitung nicht im eigenen Unternehmen vorhanden sein muss. Gleichzeitig können Unmengen an Zeit gespart werden, wenn die Aufbereitung automatisiert erfolgt. Allerdings kann hier ein ähnliches Misstrauen entstehen wie bei Frau Krause, als sie ihre Wohnung und damit die Buchungsdaten in fremde Hände gegeben hat. Es sollte daher immer darauf geachtet werden, dass die Datensicherheit vertraglich geregelt ist. Zudem sollten alle, die mit den Daten arbeiten und diese interpretieren, verstehen, wie diese berechnet werden. Wenn beispielsweise bei „Belegung" nicht klar ist, ob die geblockten Tage mit eingerechnet sind oder nicht, so ist eine sinnvolle Interpretation der Daten kaum möglich und sind Entscheidungen, welche auf diesen Daten basieren, fehleranfällig. Gerade zu Beginn, wenn ein Partner mit der Datenaufbereitung beauftragt wird, ist daher eine intensive Einarbeitung von elementarer Bedeutung, um die aufbereiteten Daten zu verstehen. Mit diesem Zeitinvestment bieten die professionell aufbereiteten Daten aber oftmals Analyse- und Filtermöglichkeiten, welche in regulären Tabellenkalkulationsprogrammen kaum darstellbar sind. Mit wenigen Klicks kann zwischen Agentur, Region und Eigentümersicht gewechselt werden. Ob sich eine professionelle Datenaufbereitung lohnt, hängt von den Kosten für die Dienstleistung ab und von den vorhandenen Ressourcen innerhalb der Agentur und muss daher im Einzelfall eingehend geprüft werden.

Einige Anbieter bieten neben der Datenaufbereitung und -analyse auch an, Revenue-Management-Entscheidungen zu treffen, etwa die dynamische Preisanpassung oder die Forecast-Berechnung. Somit würden nicht nur die Aufbereitung der Daten, sondern auch viele Analysen hinfällig, da das System diese selbstständig macht. Zu beachten ist allerdings, dass die Systeme meist aktuelle Buchungsentwicklungen mit der Vergangenheit abgleichen und so ihre Vorhersage treffen, auf Basis derer sie dann den Forecast berechnen und Preisentscheidungen treffen. Besonderheiten der Vergangenheit, wie etwa eine Pandemie, verfälschen die historischen Werte. Dadurch werden Prognosen der Systeme ungenau. Für einen Forecast ist das noch akzeptabel, hier kann die Vorhersage des Systems als Vorschlag gesehen und ggf. händisch angepasst werden. Wenn das System jedoch auf Basis dieser verfälschten Prognosen Preisentscheidungen trifft, so kann das zu falschen Preispunkten führen, welche starken wirtschaftlichen Schaden verursachen können. Die Preise für Ferienimmobilien sind der zentrale Hebel, um Umsatz zu generieren. Die Herleitung der korrekten Preisstufe und ihre kontinuierliche Anpassung sind somit von enormer wirtschaftlicher Bedeutung. Wenn diese Aufgaben einem autonomen System überlassen werden, so sollten die Datenbasis und die Berechnungsmethoden des Systems genau verstanden werden, um abzuschätzen, ob die Entscheidungen fundiert sind und auf validen Daten basieren. Wenn ein solches vertrauenswürdiges System gefunden ist, so können natürlich mehr Daten schneller ausgewertet werden, als das manuell möglich ist, und so die Entscheidungen noch schneller getroffen und umgesetzt werden. Daher können Revenue-Management-Systeme mit automatisiertem Pricing eine deutliche Arbeitserleichterung darstellen, sie sollten zuvor allerdings mit größtmöglicher Sorgfalt und Genauigkeit geprüft werden.

Gerade im Bereich der Ferienimmobilien wird zunehmend „Dynamic Pricing" diskutiert. Grundsätzlich ist unter diesem Begriff die dynamische Anpassung von Preisen zu verstehen. Dies kann die Preisdifferenzierung (siehe Kapitel 3.2) einschließen, beinhaltet jedoch immer die Anpassung der Preise gemäß der erwarteten Nachfrage (siehe Kapitel 3.3). Diese dynamische Preisanpassung besteht aus zwei Komponenten: Zum einen muss die Entscheidung getroffen werden, wann eine Preisanpassung sinnvoll erscheint und wie hoch diese sein sollte. Hierfür sind Prognosen bezüglich der Nachfrage nötig, welche sich auf unterschiedliche Analysen, Daten und Erfahrungswerte aus der Vergangenheit stützen. Die zweite Komponente ist die tatsächliche technische Anpassung des Preises. Je nach Anzahl der Wohnungen und technischer Anbindung der verschiedenen Distributionskanäle kann eine Preisanpassung mit wenigen Klicks erfolgen oder eine sehr aufwendige Angelegenheit sein. Die erste Komponente, die Entscheidung über den Preis, sollte wie oben beschrieben nur mit großer Vorsicht und Sorgfalt aus der Hand gegeben werden. Bei der technischen Umsetzung von Entscheidungen, gerade wenn diese manuell sehr aufwendig ist, macht eine systemische Unterstützung häufiger Sinn. Meistens werden beide Komponenten in einem Endprodukt angeboten: die Kalkulation von Preisen und deren Einsteuerung in verschiedene Buchungskanäle sowie die kontinuierliche, dynamische Anpassung. Ob sich solch ein Produkt lohnt, ist oft von den Kosten abhängig, die dafür anfallen, welche individuell zwischen Agentur und Anbieter verhandelt werden. Diese Kosten sollten in Relation zu dem Aufwand gesetzt werden, welcher bei der manuellen Preisanpassung gespart wird. Gerade bei der Einführung des Systems macht es Sinn, die Entscheidung über Preisanpassungen parallel weiterhin manuell zu treffen. So lassen sich Unterschiede zwischen der systemischen Empfehlung und der eigenen Entscheidung leicht erkennen und analysieren. Es sollte daher darauf geachtet werden, dass systemische Preisentscheidungen als Empfehlung sichtbar sind, welche vom Verantwortlichen ggf. überschrieben werden können und zur Einsteuerung in die Distributionskanäle final freigegeben werden müssen. Somit besteht die Möglichkeit, ein Querlaufen des Systems zu erkennen und zu unterbinden, aber gleichzeitig die ungeheuren Analyse- und Datenverarbeitungsmöglichkeiten zu nutzen.

Epilog

Katrin, Miriam und Salim haben sich letztendlich für einen Anbieter entschieden, welcher die Rohdaten aus dem PMS in Grafiken und Analysen aufbereitet, welche sie nach Belieben selbst filtern und einstellen können. So haben sie einerseits immer den Überblick über die Lage der gesamten Agentur, können die Zahlen jedoch mit wenigen Klicks auch auf Ferienanlagen oder einzelne Objekte herunterbrechen. Aufgrund der Zeitersparnis, die sie haben, indem sie keine Reports mehr erstellen und Daten aufbereiten müssen, können sie sich intensiver mit der Interpretation der Daten beschäftigen und so Entscheidungen fundierter treffen. Ihre Strategie ist somit detailliert genug, um kein Objekt zu übersehen und kaum Potenzial ungenutzt zu lassen, gleichzeitig behalten sie stets den Überblick und verlieren sich nicht zu sehr in Detailanalysen. Der Erfolg dieser Strategie zahlt sich bald aus, die Agentur gewinnt immer neue Objekte hinzu und ist wirtschaftlich erfolgreich. Nach ein paar Jahren ist Miriam immer noch fasziniert von den vielen Analysemöglichkeiten und findet stets neue Ansätze, was man noch analysieren und betrachten könnte, um Entscheidungen noch exakter und differenzierter zu treffen. Allerdings ist ihr die eigene Agentur der Freunde langsam zu klein, sie möchte gerne auch anderen Agenturen helfen, Revenue Management aufzubauen und erfolgreich zu betreiben. Bevor sie gemeinsam mit Salim und Katrin das Möwennest vermietet und später die Agentur gegründet hat, beriet sie Hotels im Bereich Revenue Management. Sie träumt davon, diese Beratung wieder aufzunehmen, sie aber gleichzeitig auf Ferienimmobilien auszuweiten, sowohl für Eigentümer:innen von Wohnungen als auch für andere Agenturen. Salim hingegen ist zunehmend frustriert, da er durch die Ferienimmobilien ständig mit den schönsten Ferienorten konfrontiert ist, die klassische Urlaubzeit jedoch Hochsaison bedeutet und er somit fast nur zur Nebensaison Urlaub nehmen kann. Er möchte wieder unabhängiger werden vom Saisongeschäft und wieder freier über seine Zeit verfügen. Der Schichtdienst und die viele Arbeit an Wochenenden und an Feiertagen haben ihm schon im Hotel, welches die drei Freunde früher gemeinsam betrieben haben, nicht gefallen, aber auch bei der Vermittlung von Ferienwohnungen findet er die Arbeitszeiten nicht kompatibel mit seinen Freizeit- und Urlaubsplänen. Er möchte daher gerne in eine Industrie wechseln, die keine Dienstleistungen im Urlaubs- oder Freizeitbereich erbringt, um diese Zeiten auch wirklich frei zu haben. Katrin hingegen, die nach dem Studium noch eine Hotelausbildung gemacht hat, vermisst den direkten Kontakt zu den Gästen. Sie ist Gastgeberin aus Leidenschaft und es fehlt ihr, persönlich für das Wohlergehen der Gäste zu sorgen. Sie möchte daher zurück in ein Hotel, um wieder den direkten Kontakt zu den Gästen zu haben.

Nachdem die Freunde den Mut hatten, sich gegenseitig ihre Wünsche und Träume zu gestehen, einigen sie sich darauf, dass es an der Zeit ist, die Agentur aufzugeben. Sie überlegen, ob sie Eigentümer:innen der Agentur bleiben sollen und nur jemanden für die Geschäftsführung einstellen sollen. Letztendlich entscheiden sie sich jedoch für einen klaren Schlussstrich und verkaufen die Agentur, sodass sie sich voll und ganz ihren neuen Plänen widmen können. Die Verantwortung für das Möwennest übernimmt Ka-

https://doi.org/10.1515/9783111418933-007

trin. Sie kennt inzwischen viele der Stammgäste und genießt es, durch die Buchungsannahme und den Empfang der Gäste diesen Kontakt aufrechtzuerhalten. Da sie eine Stelle in einem Businesshotel gefunden hat, welches während der Urlaubszeiten eher ruhig ist, lässt sich die Vermietung der Ferienwohnung gut nebenher betreiben. Weiterhin treffen sich die Freunde einmal im Jahr zum gemeinsamen Urlaub in der Wohnung. Wenn sie manchmal beim Frühstück sitzen und an den schicksalhaften Tag vor ein paar Jahren zurückdenken, als sie die Wette mit Tante Irene eingegangen sind, können sie selbst kaum glauben, was seitdem alles passiert ist. Und wie groß das Feld des Revenue Managements von Ferienimmobilien ist, von dem sie damals noch kaum etwas ahnten.

Abbildungsverzeichnis

https://doi.org/10.1515/9783111418933-008

Tabellenverzeichnis

https://doi.org/10.1515/9783111418933-009

Register

https://doi.org/10.1515/9783111418933-010

www.ingramcontent.com/pod-product-compliance
Lightning Source LLC
Chambersburg PA
CBHW061819210326
41599CB00034B/7053